UNIVERSITÉ DE FRANCE.

ACADÉMIE DE STRASBOURG.

ACTE PUBLIC
POUR LE DOCTORAT,

PRÉSENTÉ

A LA FACULTÉ DE DROIT DE STRASBOURG,

ET SOUTENU PUBLIQUEMENT

Le Mardi, 26 Août 1845, à midi,

PAR

JULES-ANTOINE BREYNAT,

DE GRENOBLE (ISÈRE).

STRASBOURG,

De l'imprimerie de V.e BERGER-LEVRAULT, imprimeur de l'Académie.

1845.

1846

FACULTÉ DE DROIT DE STRASBOURG.

PROFESSEURS.

MM. Rauter, Doyen et professeur de procédure civile et de législation criminelle.

Bloechel, Professeur de Droit civil français.

Hepp, Professeur de Droit des gens.

Heimburger, Professeur de Droit romain.

Thieriet, Professeur de Droit commercial.

Aubry, Professeur de Droit civil français.

Schützenberger, Professeur de Droit administratif.

Rau, Professeur de Droit civil français.

PROFESSEURS SUPPLÉANTS.

MM. Eschbach, Professeur suppléant.

Lafon, Professeur suppléant provisoire.

M. Pothier, Secrétaire, agent comptable.

M. Thieriet, Président de l'acte.

Examinateurs MM.
- Thieriet,
- Aubry,
- Schützenberger, } Professeurs.
- Eschbach, Professeur suppléant.
- Lafon, Professeur suppléant provisoire.

La Faculté n'entend ni approuver ni désapprouver les opinions particulières au candidat.

JUS ROMANUM.

OBLIGATIO NATURALIS.

Naturalem obligationem romanarum legum interpretes sic definiverunt:
« Naturæ et æquitatis vinculum, quo ita adstringimur ad aliquid dan-
« dum vel faciendum, ut nulla eo nomine sit actio jure civili. [1] »

Civiles contra obligationes intelligimus quæ actionibus muniuntur,
naturales quæ exceptionibus tantum, a quibus etiam differunt inefficaces,
quæ quidem civili jure debentur, prætorio non debentur, id est, exceptionibus eliduntur. [2]

Sic dicere possumus : naturalium obligationum eo vel maxime
cernitur vis, quod exceptionem pariant hoc pacto, ut solutum repeti
nequeat.

Ac præter ea alia quoque jura conjuncta esse solent naturali obliga-
tioni.

Naturale debitum compensari potest. « Etiam quod natura debetur, ait
« ULPIANUS, venit in compensationem. [3] »

Novari potest naturalis obligatio; novatio enim est prioris debiti in
aliam obligationem, *vel civilem vel naturalem, transfusio atque translatio;*
illud non interest qualis processit obligatio, *utrum naturalis* an civilis,
an honoraria : qualiscunque igitur obligatio sit quæ præcessit, novari

---

1 VINNIUS, ad Inst., lib. III, tit. XIV, in princ.
2 MÜHLENBRUCH, Doctrina Pandectarum, vol. 2, §. 327.
3 L. 6, Dig. XVI, 2.

verbis potest[1], constitui potest naturalis obligatio. Debitum autem ex quacunque causa potest constitui, id est, ex quocunque contractu, sive certi, sive incerti, etsi ex causa emptionis quis pretium debeat, vel ex causa dotis, vel ex causa tutelæ, vel ex quocunque alio contractu; debitum autem natura sufficit.[2]

Res hypothecæ dari posse sciendum est pro naturali obligatione.

Contrahatur hypotheca, et vel pro civili obligatione, vel honoraria, vel tantum naturali[3], ex quibus casibus naturalis obligatio constitit, pignus perseverare constat.[4]

Naturalis obligatio, ut pecuniæ numeratione, ita justo pacto vel jurejurando ipso jure tollitur : quod vinculum æquitatis, quo solo sustinebatur conventionis æquitas dissolvitur : sic fidejussor quem pupillus dedit, ex causis istis liberari dicitur.

Quemadmodum autem causarum naturales obligationes efficientium non eadem omnium est vis : sic etiam fieri potest, ut ex ejusmodi causis exceptio nascatur adversus agentes et fidejussoribus et pignorum possessoribus, si quidem aut ex legum prohibitione fit quo minus actio locum habeat, aut exceptio est ejusmodi unde causa naturalem efficiens obligationem tota descendit.[5]

I.

De naturalium obligationum origine.

Multis a fontibus manant naturales obligationes : principuas esse opinor :

1.° Conventio talis quæ præceptis justitiæ inita non legibus prohibita, cui tantum civilis causa deest.

---

1 L. 1, §. 1, Dig. XLVI, 2.
2 L. 1, §. 7, Dig. XIII, 6.
3 L. 5, princ. Dig. XX, 1.
4 L. 14, Dig. ibid.
5 Mühlenbruch, op. cit., vol. 2, p. 233.

2.° Pupillorum atque minorum absque tutorum vel curatorum consensu susceptæ obligationes, antequam ad majorem ætatem pervenerunt.

3.° Conditio servilis eorum qui obligantur, tum vero personarum inter se nexus ratioque id efficiens, ut, licet nulla inter ipsas actio locum habeat, tamen non prorsus reprobata sit obligatio. [1]

Quod quidem jus referendum est ad filiosfamilias, qui aut cum patre, aut cum fratribus, sub ejusdem patris constitutis, item ad servos, qui cum domino obligationem contraxerunt. Vis ac effectus naturalis obligationis incipiet, cum illud impedimentum erit sublatum.

Inter alias, perpetua illas exceptione repulsas, numerare debemus.

II.

De pactis.

Solummodo civilibus obligationibus, id est lege comprobatis, datur actio.

Quadruplex divisio contractuum : reales, verbales, litterales, consensuales. Hisque certæ vulgares actionum formulæ addictæ sunt, quibus in judiciis uterentur homines.

Neque vero iis denegata est actio, qui ex negotiis agerent vulgaribus actionum formulis, haud munitis, quibus tamen subesse videretur civilis causa : unde præscriptis verbis, seu in factum, civiles actiones recepi usu cœperunt [2]; inde nominatos vel innominatos vocant contractus.

Reliquæ igitur omnes conventiones pactorum nomine veniebant, iisque naturalis obligationis vis tributa est, dummodo nec moribus nec legibus contraria esset. Ait prætor : « Pacta conventa quæ neque dolo « malo, neque adversus leges, plebicista, senatusconsulta, edicta prin-« cipum, neque quo fraus cui eorum fiat, facta erunt servabo. [3] »

---

1 Mühlenbruch, loc. cit.
2 L. 1, princ. Dig. XIX, 5.
3 L. 7. Dig. II, 14.

Et ut ait Marcellus secundo libro Digestorum : « et generaliter quo-
« tiens pactum a jure communi remotum est, servari hoc non oportet. »

Sed postea multis pactis prætorum auctoritas dedit actionem.

Inde vocantur pacta vestita et non vestita, nuda et non nuda; inter
pacta quibus actio efficiens datur numerare debemus, pacta adjecta,
pacta legitima, pacta prætoria.

Pacta nuda distinguere debemus ab conventionibus moribus bonis
contrariis ac societatis ordine, ab illis virtute solutum repetere possumus.

Sed pacta nuda valere solent, non solum exceptione, sed solutum
repetere non possumus.

Tanquam caput ac fons frequentissimum obligationis naturalis, pacta
describimus, non necesse opinor est scribendi genus ac interpretationem.

III.

De testamentis non jure factis et de quarta falcidia et Pegasianea.

Ad testamenta conficienda, legislator romanus circumvenit manifes-
tationes extremæ voluntatis multis ac necessariis solemnitatibus.

Inde multa civili lege invalida testamenta, quibus prætoris misericordia
missionem bonorum vocatum obtinuit beneficium.

Enumeravit prætor causas necessarias ad illud obtinendum, ut cum
abessent neque ut civilis obligatio neque naturalis quidem valuit testa-
mentum.

Nec exeamus ab illa materia sine loqui de quarta falcidia.

Scriptores variis modis opinantur an esset hæres naturaliter obligatus, dispositionibus contrariis quartæ falcidiæ aut Pegasianei senatusconsulti.

Paulus ait ad Digestum :

« Quum totam hæreditatem restituit, cum quartam retinere et pega-
« siam debuisset, si non retineat, repetere eam non potest : nec enim

« indebitum solvisse videtur , qui plenam fidem defuncto præstare
« maluit. »

Sed lex 9 in eodem titulo ait : « Error facti quartæ ex causa fideicom-
« missi non retentæ repetitionem non impedit. »

Illas sententias primo aspectu contrarias esse videntur; si scribimus
legis finem illud non esse videbimus.

Is autem qui sciens se posse retinere, universum restituit, condictionem
non habet; quin etiam si jus ignoraverit, cessat repetitio.

Inde opinor naturaliter obligatum esse hæredem, cum sciente universum restituit.

IV.

De obligationibus pupillorum atque minorum absque tu-
torum vel curatorum consensu susceptis.

Succuritur non nunquam filiisfamilias ne vel sua levitate, vel aliorum
fraudibus decipiantur aut labantur.

Sua sponte invalida sunt ea quæ a minoribus gesta sunt, non adhibita
tutorum curatorumve auctoritate, quatenus omnino ea sit, necessaria est.

Inobservata forma si qua est legibus prescripta, invalet factum.

Succurendus minor etiam si factum aut gestum ab ipso, aut cum eo
sive omittendo damnum fuerit datum. [1]

Nonnullis in causis impeditur restitutio, ob certam vim atque aucto-
ritatem juris romani.

Illæ obligationes valent ut naturales. Si minor cum major factus est
ratihabuerit, quæ minore ætate gesta erunt [2]. Sic erit. Cæteris aliis quoque, qui in minorum numero non sunt, idem in integrum restitutionis
beneficium, vel legum, vel forensis usus auctoritate conceditur, velut iis
qui præter minores curæ subjiciuntur perpetuæ. [3]

---

1 L. 11, S. 3. Dig. XII, 2.
2 Mühlenbruch, op. cit., vol. 3, p. 183.
3 L. 64, Dig. XII, 6.

Cessante incapacitate illorum si ratihabent quod per incapacitatem fecerunt, solutum repetere non possunt ex virtute naturalis obligationis.

Ita, ut jam supra diximus, utraque in causa item, non ante incipiet naturalis obligationis vis, quam e medio sublatum sit impedimentum illud.

V.

De iis qui lumine mentis carent.

Obligationem furiosi ac dementes contrahere non possunt, eisque comparantur prodigi, fidejussorem accipere non possunt, quia nec negotium quidem ullum gestum intelligitur furiosi, vel ejus, cui bonis interdictum sit nulla voluntas est.

Lege duodecim Tabularum, ait ULPIANUS : prodigo interdicitur bonorum suorum administratio, quod moribus quidem introductum est. " Sed solent hodie prætores vel præsides, si talem hominem invenerint, qui neque tempus neque finem expensarum habet, sed bona sua dilacerando et dissipando profudit, curatorem ei dare exemplo furiosi; et tamdiu erunt ambo in curatione, quamdiu vel furiosus sanitatem, vel ille sanos mores receperit, quod si evenerit, ipso jure desinent esse in potestatem curatoris. [1]

Inde oriuntur multæ naturales obligationes; si furiosus intervallo lucido contraxit, et prodigus prudenter, cum ad capacitatem pervenerunt ratum habent contractum.

Furiosus tanquam prodigus vel pupillus teneri possunt non ex conventione sed ex re; furiosus et pupillus, ubi ex re actio venit obligantur, etiam sine curatore, vel tutoris auctoritate : veluti si communem fundum habeo cum his, et aliquid in eum impendero, vel damnum in eo pupillus dederit, nam judicio communi dividendo obligantur. [2]

---

1 L. 1. Dig. XXVII, 10.
2 L. 46. Dig. XLIV, 8.

VI.

De obligationibus servorum.

In personam servilem nulla civilis cadit obligatio.

Servi ex delictis quidem obligantur, etsi manumittantur, obligati remanent; ex contractibus autem civiliter quidem non obligantur, sed naturaliter, ait ULPIANUS, obligantur et obligant; denique si servo qui mihi mutuam pecuniam dederat manumisso solvam, liberor.

VII.

De obligationibus inter personas ex eadem familia.

Ab constitutione gentis romanæ incapacitatem servi opinor manare. Eodem capite oritur incapacitas mutua contrahendi inter ex eadem familia personas. Ejusdem familiæ personæ commune patrimonium habentes, jure civili inter se non contrahere possunt.

Sed si jure civili non obligantur naturaliter tamen. [1]

Et cum vinculum quo civiliter adstringebantur, ruptum erit, illud quod ab illis obligationibus illis solutum erit, non repetendum.

VIII.

De filiofamilias mutuam pecuniam accipiente.

Ad exemplum patrisfamilias, filiusfamilias contrahere potest et iisdem causis.

Illa regula hanc accepit exceptionem in mutuatione, a Macedoniano senatusconsulto, cujus hæc est vis, ut ex pecunia mutuo data filio-familias, plerumque nec ipse, qui accepit nummos, convenire possit,

---

1 L. 64, 38. Dig. XII, 6.

nec adversus eum cujus in potestate ille est, de peculio actio locum habeat.

Hæc sunt Macedoniani verba senatusconsulti : cum inter cæteras sceleris causas, Macedo, quas illi natura administrabat, etiam æs alienum adhibuisset, et sæpe materiam peccandi malis moribus præstaret; qui pecuniam (ne quid amplius diceretur) incertis nominibus crederet, placere, ne cui filiofamilias mutuam pecuniam dedisset, etiam post mortem parentis ejus, cujus in potestate fuisset, actio petitioque daretur ; ut scirent, qui pessimo exemplo fœnerarent, nullius posse filiifamilias bonum nomen expectata patris morte fieri. [1]

Sed si civiliter non obligatus filiusfamilias qui ex mutuatione pecuniam accepit, naturaliter tamen. Nam, ut ait POMPONIUS, si pœnæ causa ejus cui debetur, debitor liberatus est, naturalis obligatio manet; et ideo solutum repeti non potest.

Si mutuationem pignore firmavit filiusfamilias, cum paterfamilias factus, dicendum erit senatusconsulti exceptionem ei denegandam usque ad pignoris quantitatem. [2]

Illa judicia multis aliis firmata demonstrant obligationum naturalium frequentissimam originem a filiorumfamilias mutuatione manare.

Non solum filiofamilias et patri ejus succurritur, verum fideijussori quoque, et mandatori ejus, qui et ipsi mandati habent regressum ; nisi forte dominandi animo intercesserunt, tunc enim, cum nullum regressum habeant senatusconsultum locum non habebit, sed et si non donandi animo, patris tamen voluntate intercesserunt, totus contractus a patre videbitur comprobatus.

Et hi tamen, qui pro filiofamilias sine voluntate ejus intercesserunt, solvendo non repetent. [3]

---

1 L. 1. Dig. XIV, 6.
2 Dig., liv. XIV, tit. 6, l. 9.
3 Ibidem, l. 3, 4.

IX.

De obligationibus, exceptionibus perpetuis remotis.

Multæ civili jure debitæ obligationes exceptionibus possunt removeri, iis quidem quæ aut in odium creditorum legibus introductæ sunt, aut temporis præscriptione nituntur, aut ex judicis sententia proficiscuntur, qua quidem non jure absolvitur qui vere debitor est; nam, ait PAULUS : judex, si male absolvit et absolutus sua sponte solverit, repetere non potest; sed illa obligatio naturalium non habet effectum, sic compensari non potest.

In reliquis vero omnibus causis, sive exceptionibus perpetuis elidantur obligationes, sive prorsus improbentur legibus, pro nullis habendæ sunt, adeoque, nisi uterque versatur in causa turpi, id quod per errorem solutum est repeti potest, cæterum ipso jure naturalis obligatio tollitur, eo modo qui alioquin non nisi exceptionem tollendæ obligationis vim habet. [1]

Cæterum ecce Pandectarum doctrina :

Qui perpetuam exceptionem habet, solutum per errorem repetere potest.

Sed hoc non est perpetuum : nam si quidem ejus causa exceptio datur cum quo agitur, solutum repetere potest : ut accidit in senatus-consulto de intercessionibus. Ubi vero in odium ejus cui debetur exceptio datur, perperam solutum non repetitur; veluti si filiusfamilias contra Macedonianum mutuam pecuniam acceperit et paterfamilias factus solverit, non repetit.

X.

Si præstatio officii conscientia debiti pro solutione naturalis obligationis haberi potest.

In duobus casibus proponenda est questio :

1.° In operibus servi domino libenter solutis.

---

1 Doctrina Pandectarum, MÜHLENBRUCH, vol. 11, S. 380.

2.° In dote constituta a matre.

1.° Hanc ULPIANUS dedit solutionem ad Digestum lib. XII, tit. VI, L. 26, §. 12.

Libertus cum se putaret operas debere patrono solvit, condicere eum non posse, quamvis putans se obligatum solverit, JULIANUS, libro decimo Digestorum scripsit : natura enim operas patrono libertus debet.

2.° Mulier si in ea opinione sit ut credat se pro dote obligatam, quidquid dotis nomine dederit, non repetit : sublata enim falsa opinione, relinquitur pietàtis causa ex qua solutum repeti non potest.

Illæ obligationes in stricto sensu non sunt naturales, sed conscientiæ, nam, nisi non repetitionem soluti, non naturalium obligationum habent effectum, ut compensationem.

CODE CIVIL.

DE L'OBLIGATION NATURELLE EN DROIT FRANÇAIS.

*Différence entre l'obligation naturelle en Droit français
et en Droit romain. Considérations historiques.*

A Rome, la loi des douze Tables était le Droit antique et inviolable : édifice national que nulle réforme directe n'osait attaquer ouvertement.

Les auteurs de cette loi craignirent de multiplier les procès, de troubler la tranquillité publique, si l'exécution de toutes les conventions était rigoureusement exigée; ils eurent assez de confiance dans la bonne foi des citoyens pour que chacun restât son juge : ils exceptèrent seulement les contrats qui, plus fréquents, plus importants, plus nécessaires à l'ordre social, ne devaient pas être impunément violés; ils furent spécifiés dans la loi, et on les distingua sous le titre de contrats nommés.

Bientôt de fâcheux inconvénients se firent ressentir; Rome s'étant agrandie, les rapports des citoyens entre eux se multiplièrent. En vain Numa Pompilius avait-il consacré à la Fidélité, sur le Capitole, un temple auprès de celui de Jupiter; ce culte religieux ne put subjuguer la mauvaise foi, et le silence des lois lui laissa prendre un libre et funeste essor [1]. Ainsi donc cette législation incomplète, souvent barbare, faite

---

[1] Exposé des motifs au Corps législatif, par M. Bigot-Préameneu, sur la loi 2, livre 3 du Code civil.

pour une époque d'action et d'énergie, ne pouvait s'accommoder aux nouveaux besoins qui se développent nécessairement sous l'influence de la civilisation.

Rome sentit alors l'insuffisance de ce Droit. Alors à côté de cette inviolabilité, à côté de ce Droit sacré auquel le respect national n'osait toucher, s'éleva peu à peu une puissance modératrice, un magistrat qui par toutes sortes de fictions et de subterfuges chercha à concilier la loi avec les nouveaux besoins. On conçoit sans peine que dans une semblable législation les obligations, dépourvues d'action par le Droit rigoureux et primitif, purent avoir des effets importants à l'aide des exceptions que le préteur introduisit peu à peu pour modérer la rigueur de la loi des douze Tables.

De là une source féconde d'obligations naturelles en Droit romain ; obligations boiteuses que le Droit civil abandonnait, et que la main du préteur venait soutenir.

Notre Droit, au contraire, est *un* dans sa source ; nul autre que le législateur n'a la puissance de le modifier : nous ne connaissons pas ces fictions que le cerveau des jurisconsultes enfanta pendant des siècles, lutte admirable de l'esprit contre la lettre ; nous n'avons plus besoin de ces effets d'une dialectique subtile. Chez nous la loi émane de la même source, le magistrat n'a d'autre mission que de l'appliquer, il ne peut impunément en franchir les limites ; il ne peut, à moins de violer ses devoirs, sortir du cercle sacré de la sanction légale.

Seulement, lorsque le temps et les nouveaux besoins qui marchent à sa suite, ont rendu la loi funeste ou stérile, le législateur pourra revenir directement sur ce qu'il a décrété, détruire ce qu'il avait élevé, reconstruire ce qu'il avait abattu, et cela, sans avoir recours aux hypocrites moyens d'un raisonnement subtil et spécieux.

La source féconde des obligations naturelles, en Droit romain, n'existera donc plus chez nous : cette différence entre l'organisation de nos pouvoirs, trace une grande ligne de démarcation entre les obligations naturelles de ces deux législations. Nous avons vu, en traitant de l'obligation naturelle en Droit romain, la source et l'effet de ces obligations dans ce Droit.

Recherchons maintenant quels sont leurs modes d'existence et leurs effets en Droit français.

Division, caractère et effet de l'obligation naturelle en Droit français.

Il est un Code plus ancien que celui des plus anciennes législations, un Droit primitif et naturel, qui a servi de base au Droit des nations qui ont passé sur la terre ; un livre où sont écrits en caractères indélébiles les préceptes du juste et de l'injuste, et que les révolutions, l'anarchie ou la tyrannie ne pourront jamais anéantir : ce Code, ce Droit, ce livre, c'est l'intelligence humaine, la conscience.

Dans le cœur de tous les hommes existe l'idée du devoir : le devoir est la fin, la règle où doivent tendre et se conformer nos actions : de ce principe découle nécessairement et inévitablement une autre idée : c'est l'idée d'obligation.

Ces obligations, tant qu'elles ne sont pas empreintes de la force légale, ont leur sanction dans la conscience, et n'en sont pas moins sacrées aux yeux de la religion et de la morale. Les lois civiles n'ont fait que reconnaître et sanctionner ce qui existait avant elles ; elles ont déclaré que le consentement mutuel engage, que chacun est maître de contracter les obligations, d'en varier la forme et d'en choisir l'objet.

Après avoir prévu le plus grand nombre de conventions auxquelles l'état des hommes en société donne naissance, avoir balancé tous les motifs de décision entre les intérêts les plus opposés et les plus compliqués, avoir dissipé la plupart des nuages dont souvent l'équité se trouve enveloppée, avoir rassemblé tout ce que la morale et la philosophie ont de plus sublime et de plus sacré, le législateur a dû s'arrêter ;

poser des limites et faire des réserves : il a compris que si, d'un côté, on devait laisser une vaste liberté aux transactions particulières, on ne devait pas, d'un autre côté, permettre que les intérêts graves de la société pussent en recevoir aucune atteinte, en tant que l'ordre, la morale, les principes d'organisation et d'économie politique y fussent compromis.

Il y a d'autres considérations, d'un ordre moins élevé, qui cependant ont paru suffisantes au législateur pour provoquer la nullité des conventions.

Ce sont tantôt l'âge, le sexe, la position des parties qui ont pu faire présumer que le consentement, ce fondement essentiel de l'obligation, peut être vicié, soit par défaut de lumière, soit par défaut de liberté. D'autres fois, le juge a voulu que le consentement, la volonté, fussent revêtus d'une solennité particulière.

Ainsi, ces motifs ont quelquefois engagé le législateur à frapper de nullité les engagements revêtus des formes extérieures voulues par la loi.

Ce principe, que le consentement crée l'obligation, reçoit donc des modifications nombreuses et variées; elles peuvent se diviser en deux grandes classes.

Les unes sont fondées sur des idées d'intérêt politique, de morale et d'ordre.

Les autres, d'une importance moindre, peuvent être considérées comme des garanties accordées à des intérêts particuliers.

Nous reviendrons plus tard sur cette division, qui nous sera utile pour faciliter l'étude de ces espèces d'obligations.

Nous allons, dès à présent, en déterminer le caractère.

En établissant la distinction entre l'organisation du pouvoir à Rome et en France, nous sommes arrivé à la conclusion naturelle que les mêmes sources d'obligations naturelles ne pouvaient exister dans notre Droit. Nous allons voir qu'elles diffèrent essentiellement sous le point de vue de leurs caractères respectifs.

L'article 1235 du Code civil parle de l'obligation naturelle en lui assignant un effet; c'est la non-répétition du paiement volontaire.

« Art. 1235. Tout paiement suppose une dette : ce qui a été payé sans être dû, est sujet à répétition.

« La répétition n'est pas admise à l'égard des obligations naturelles qui ont été volontairement acquittées. »

Ce n'est plus là l'obligation naturelle du Droit romain, obligation qui donnait lieu à la compensation ; il n'en est nulle part question, pas plus que de l'obstacle de répéter ce qui a été payé par erreur.

Les articles 1965, 1967 parlent de la dette de jeu.

Ces obligations n'ont aucune action, car la nature du fait de leur origine excite de justes soupçons.

La passion, arrivée à son paroxisme, peut obscurcir la raison, vicier le consentement.

La loi devait donc repousser de semblables obligations et les deshériter de toute action ; mais le joueur qui paie reconnaît par là que l'honnêteté et la bonne foi ont présidé au jeu. Il ne peut donc plus être admis à répéter ce qu'il a payé de son propre mouvement, de sa pleine liberté.

Aux yeux de plusieurs, cette obligation constitue une véritable obligation naturelle.

Sous le point de vue moral et philosophique, nous ne le nions pas ; mais sous le point de vue légal et juridique, nous ne pouvons admettre que cette obligation puisse être assimilée à l'obligation naturelle du Droit romain.

Cette obligation n'a pas d'action, et pour que le paiement soit valable, il faut qu'elle soit volontaire. On ne peut pas non plus en réclamer l'exécution par voie d'exception ; ce qui constitue le caractère effectif de l'obligation romaine.

Nous reviendrons plus tard sur l'obligation naturelle naissant du jeu. Nous allons continuer l'exposition des principes généraux.

Si nous passions en revue toutes les obligations naturelles du Droit français, si nous remontions à toutes les sources, nous verrions que l'élément essentiel de l'obligation romaine manque, la faculté de réclamer par voie d'exception. En effet, où trouverons-nous ce caractère ; sera-ce dans les obligations que la loi frappe de nullité pour défaut de forme. Sera-ce dans celles qu'elle déclare nulles parce qu'elles sont passées par des incapables ? etc.

Où pourrions-nous trouver dans de pareilles obligations l'action ou l'exception ?

Non; le juge ne pourra devenir législateur : lorsqu'une nullité de forme existera, le juge devra la prononcer; il ne pourra jamais, sans sortir des devoirs que la loi lui impose, reconnaître valable ce que la loi déclare nul.

Lorsque, par incapacité des parties, la loi aura prononcé la nullité d'un contrat, le juge ne pourra pas non plus valider de pareils engagements.

Non, certes, ce serait ouvrir la porte à l'arbitraire, comme nous l'avons exposé déjà; la loi est une dans sa source; le juge ne doit que l'appliquer.

Accorder au juge la faculté de valider à l'instar du magistrat romain, ce serait contrarier le but salutaire que s'est proposé le législateur qui a créé le système paternel et bienfaisant des incapacités.

Le juge devra également reconnaître les autres nullités, aux autres prohibitions fondées sur des présomptions légales, telles que l'autorité de la chose jugée, la remise du titre, le serment, la prescription, l'interposition des personnes; toutes ces nullités, disons-nous et le répétons-nous encore, sont fondées sur l'intérêt général et l'ordre public. Les tribunaux devront toujours respecter de pareilles proscriptions.

Ainsi, où verra-t-on une similitude, une identité entre l'obligation naturelle du Droit romain et celle dont nous parlons.

Je dirai plus, la confusion de ces deux obligations, de deux législations différentes, n'a jamais existé dans l'esprit du législateur.

Nous prouverons cela en rapportant les paroles de M. BIGOT-PRÉAMENEU, qui, dans son Exposé des motifs, repousse cette confusion de la manière la plus évidente et la plus explicite.

« On ne regarde, dit-il, comme obligations purement naturelles que « celles qui, par des motifs particuliers, sont considérées comme nulles.

« par la loi civile; telles sont les obligations dont la cause est trop déplo-
« rable pour que l'action soit admise, et les obligations qui ont été for-
« mées par des personnes auxquelles la loi ne permet pas de contracter.
« Telles sont même les obligations civiles, lorsque l'autorité de la chose
« jugée, le serment décisoire, la prescription ou toute autre exception
« péremptoire rendrait sans effet l'action du créancier. Le débiteur qui a
« la capacité pour payer, et qui, au lieu d'opposer ce moyen, remplit
« son engagement, ne peut pas dire ensuite qu'il ait fait un paiement
« *sans cause*. Ce paiement est une *renonciation de fait* aux exceptions
« sans lesquelles l'action eût été admise .... renonciation qui forme un
« lien civil que le débiteur ne doit plus être le maître de rompre. »

Et enfin, comme pour mettre le dernier sceau à notre démonstra-
tion, l'orateur continue : « L'obligation ne devenant un lien civil que
« par induction tirée du paiement, *elle ne peut avoir d'autre effet que*
« *d'empêcher la répétition; mais elle ne peut faire la matière d'une*
« *compensation, ni avoir les autres effets que lui donnait la loi ro-*
« *maine.* »

La différence qui existe entre l'obligation naturelle du Droit romain
et du Droit français bien établie, recherchons ce qu'elle est dans notre
Droit, et quels sont ses effets.

In sensu stricto, les véritables obligations sont celles qui ont pour
fondement l'équité, et pour appui la force de la loi :

Debitor intelligitur is a quo invito exigi pecunia potest; creditor est
qui exceptione perpetua removeri non potest (*L.* 108, *Dig. de verb.*
signif.; l. 10, *eod. tit.*).

L'obligation naturelle est, au contraire, celle qui n'a d'autre sanction
que celle que lui donne la conscience; d'autre force que celle de la morale, auxquelles la loi civile, par des considérations particulières, n'a
attaché aucune action; mais en a approuvé tellement l'accomplissement
qu'elle interdit la répétition volontaire du paiement d'une pareille obligation.

Voici donc un effet de l'obligation naturelle; effet important, dérivant

3

immédiatement de la supposition d'une renonciation que ce paiement autorise.

Mais devons-nous donner le nom d'obligation à un devoir moral qui n'a aucune sanction légale? car, la non-répétition du paiement dont nous venons de parler, est-ce bien un effet dans le sens que l'on attache à ce mot?

Ne serait-ce pas plutôt une donation? En payant ce que je savais ne pas devoir, n'ai-je pas fait plutôt une libéralité? n'est-ce pas une donation intervenue là où rien n'existait aux yeux de la loi?

Si ce paiement est une donation, quel est donc l'effet de l'obligation naturelle dans notre Droit? Car, ainsi qu'à Rome, elle ne peut, dans notre Droit, servir de cause à la compensation, même forcée, avec une obligation ordinaire (*L.* 6, *Dig. de compens.*).

Elle ne peut exclure la répétition de ce qui aurait été payé par erreur (*L.* 10, *Dig. de oblig. et act.*).

Quelle sera donc l'efficacité de l'obligation naturelle dans notre Droit?

La voici; cette efficacité pourra se produire de deux manières :

Le paiement qui aura été fait en vertu d'une obligation naturelle sera, sous deux rapports, plus avantageux au créancier que s'il avait reçu un paiement qui n'était dû ni civilement ni naturellement.

Cet effet se manifestera :

1.° Dans la preuve,

2.° Dans l'efficacité.

Je dis que cet effet se manifestera dans la preuve :

Car l'obligation naturelle étant une juste cause de paiement, on présumera contre le demandeur en répétition, qu'il a payé en connaissance de cause.

Ainsi, à la preuve qu'il a payé ce qu'il ne devait pas, devra se joindre celle qu'il a payé par erreur.

Cette distinction que nous établissons ici, ne sera pas sans importance pratique.

Elles se manifesteront toutes les fois que le demandeur en répétition avouera l'obligation naturelle, ou toutes les fois que cette obligation naturelle sera si évidente que la preuve en serait inutile.

Si aucune obligation naturelle n'existe, le demandeur en répétition peut mettre le défendeur au défi de prouver qu'il y avait une dette, ou qu'il a eu l'intention de faire une libéralité. Comme une dette ou une obligation ne peuvent se présumer, le défendeur qui ne pourra les prouver juridiquement sera soumis à la répétition.

Si, au contraire, une obligation naturelle existe, ces deux preuves, qui incombent au défendeur en répétition, deviennent inutiles. Le paiement intervenu volontairement n'a plus le caractère d'une pure libéralité; c'est un véritable paiement.

Le second effet que nous avons indiqué, c'est l'efficacité de ce paiement, qui, étant aux yeux de la loi un véritable paiement, n'est pas assujetti aux formes de la donation.

Enfin, le paiement pourra intervenir entre personnes respectivement incapables de donner et de recevoir; et les sommes payées en acquit de cette obligation n'entreront point en calcul de la quotité disponible (Revue de la législation étrangère, vol. VIII, page 375).

Voici donc les effets que produiront les obligations naturelles en Droit français; mais toutes les obligations naturelles auront-elles cette efficacité?

Pour résoudre cette question, il nous faudra revenir sur la division que nous avions précédemment établie entre les obligations naturelles qui touchent à des intérêts politiques, d'ordre public, de morale, et celles dont l'importance moindre peut être considérées comme des garanties accordées à des intérêts particuliers.

PREMIÈRE CLASSE.

Obligations naturelles privées de tout effet juridique.

Il est certaines obligations auxquelles le législateur a dû refuser le titre d'obligation naturelle et l'efficacité qui y est attachée, et cela dans des motifs d'ordre public et de morale.

En effet, ce serait un grossier contre-sens que de ne pas déshériter de toute efficacité ce que la loi défend expressément comme immoral ou subversif de l'ordre général.

La loi qui accorderait à une obligation immorale un effet quelconque, serait immorale; celle qui en accorderait à une obligation qui attenterait à l'ordre général, serait une loi funeste, subversive de l'ordre.

Le législateur doit, non-seulement ne pas reconnaître de semblables liens, mais encore il doit les briser. En thèse générale, le consentement oblige; mais la société a confié aux gouvernements, dont le premier soin doit être de la protéger, le pouvoir d'anéantir si bien de pareilles obligations, que leur existence peut être considérée comme non avenue. La réprobation dont les frappera la loi ne leur permettra jamais d'arriver au degré de l'obligation naturelle; rien ne pourra les faire sortir de leur néant.

Comment, en effet, assimiler de pareilles obligations avec celles que la loi dote d'une efficacité miséricordieuse, sorte de protestation de la conscience, de la morale, contre les dispositions rigoureuses du Droit positif; lutte du Droit naturel contre la puissance du Droit civil, et qui conduit à faire respecter les actes d'exécution de celui-ci.

L'obligation dont la cause sera honteuse, au contraire, au bien public, n'aura pas le véritable fondement de l'obligation naturelle proprement dite, qui est la conscience, ce criterium originaire de toute obligation; la conscience repousse avec horreur de honteux liens.

Ainsi, toute convention déclarée nulle par des motifs d'ordre public, ne sera jamais la source d'une obligation naturelle. Cependant quelques jurisconsultes semblent croire que de pareilles obligations doivent conserver le caractère et les effets d'obligation naturelle; POTHIER, entre autres, est de ce sentiment, que nous repoussons de toutes les forces de la conscience.

Voici, du reste, l'opinion de cet auteur; laissons-le parler :

«Les obligations, dit-il, qu'on peut appeler, dans notre Droit, obliga-«tions purement naturelles, sont : 1.° celles pour lesquelles la loi dénie «une action par rapport à la défaveur de la cause dont elles procèdent; «telle est la dette due à un cabaretier pour dépenses faites par un «domicilié du lieu.

«2.° Celles qui naissent des contrats des personnes qui, ayant un juge-«ment ou un discernement suffisant pour contracter, sont néanmoins «reconnues par la loi inhabiles à contracter; telle est l'obligation d'une «femme sous puissance du mari, qui a contracté sans être autorisée.

«Ces obligations, qui naissent d'une cause *improuvée par les lois*, «ou qui ont été contractées par des personnes à qui la loi ne permet «pas de contracter, n'auraient pas eu, par le Droit romain même, le «nom d'obligations naturelles. C'est pourquoi je ne pense pas qu'elles «doivent avoir parmi nous les effets que le Droit romain donnait aux «obligations purement naturelles. »

M. DUVERGIER apprécie ainsi l'opinion de POTHIER que nous venons de citer :

Dans ce passage, le commencement semble en opposition avec la fin; la contradiction toutefois n'est qu'apparente. Pour s'en convaincre, on n'a qu'à lire les numéros suivants; mais de l'ensemble on pourrait conclure que POTHIER considère comme obligations naturelles celles qui résultent de conventions que la loi flétrit et condamne comme immorales.

M. DUVERGIER s'attache ensuite à prouver que tel n'est pas le sens véritable de ce passage de POTHIER.

Ainsi la dette du cabaretier, que POTHIER qualifie de défavorable, ne veut pas dire que cette obligation naturelle soit subversive de l'ordre public ou attentatoire à la morale.

DOMAT, PUFFENDORF, BARBEYRAC, les travaux préparatifs du Code civil, sont d'accord avec nous; ils repoussent les obligations de cette première classe, auxquelles on ne peut donner le nom d'obligation naturelle, et les effets qui y sont attachés.

Ces auteurs ne placent parmi les obligations naturelles que celles qui naissent du consentement de personnes que la nature ne rend pas incapables de contracter, et qui ne le sont que par une défense de quelque loi.

Telle a été l'opinion des auteurs recommandables que nous venons de citer, telle a été la pensée du législateur, lorsqu'en donnant l'action à l'obligation naturelle, il décida que ce qui aurait été volontairement payé, par suite d'une semblable obligation, ne pourrait être sujet à répétition.

Voici comment s'exprimait à ce sujet M. JAUBERT, dans son rapport au Tribunat, dans la séance du 12 pluviôse an XII (LOCRÉ, tom. 12, pag. 364):

« Tout paiement suppose une dette : une dette ne peut subsister qu'en « vertu d'une obligation. Ce qui aurait été payé sans être dû, peut être « répété.

« Toutefois cette faculté de répéter ce qui a été payé, est soumise à « une limitation remarquable.

« La répétition n'est pas admise à l'égard des obligations naturelles « qui ont été volontairement acquittées.

« L'exception se concilie avec le principe, ou plutôt elle est fondée « sur la nature même des obligations.

« Les lois civiles ne sont faites que pour les obligations civiles.

« Le domaine de la conscience ne peut être du ressort du législateur « civil; il ne doit donc s'occuper que des obligations civiles, et, par une « conséquence nécessaire, il ne peut donner une action qu'à celui qui « est muni d'une obligation civile. Mais lorsque le paiement a eu lieu, « serait-il juste d'autoriser celui qui l'a fait à le répéter indistinctement, « dans tous les cas, par cela seul que celui qui l'a reçu n'aurait pu « l'exiger par action civile ?

« Ne faut-il pas remonter au motif qui a déterminé le paiement pour
« savoir si c'est une erreur absolue qui l'a occasionné, ou si, placé entre
« la loi civile et sa conscience, le débiteur a refusé de se prévaloir du
« secours de la loi civile pour obéir à une loi plus impérieuse, celle
« de la conscience ?

« Oui, loin de nous la pensée que les droits de l'équité naturelle
« puissent être indifférents au législateur civil.

« Le fondement de toute action est dans la conscience de celui qui
« la contracte. »

Plus loin M. JAUBERT continue et définit ainsi l'obligation naturelle :

« L'obligation naturelle consiste dans un lien qui dérive de l'équité, à la
« différence de l'obligation civile, qui dérive uniquement du lien de droit. »

Ainsi c'est l'équité, la conscience qui sont la base de l'obligation
naturelle ; comment donc pourra-t-on comprendre sous ce titre honorable ces obligations monstrueuses que repousse avec horreur la conscience humaine ? Comment penser un seul instant que le législateur
ait voulu doter d'une efficacité quelconque ce concours criminel des
volontés sur un objet illicite ?

Voici donc les effets que produiront les obligations naturelles en Droit
français.

Mais toutes les obligations naturelles auront-elles cette efficacité ?

Des conventions contraires aux bonnes mœurs ou à l'ordre public,
avons-nous dit, ne peuvent donner naissance à une obligation naturelle ;
elles sont frappées d'une nullité aussi radicale que la convention qui en
est le sujet.

Il sera difficile peut-être d'établir *a priori*, si telle ou telle prohibition affecte l'ordre public ; là seulement sera la difficulté, et une fois
qu'on aura établi le caractère de la prohibition, aucune difficulté sérieuse
ne pourra s'élever.

Déterminer d'une manière dogmatique quelles obligations ont ou n'ont
pas ce caractère serait une tâche difficile, et dont l'appréciation doit
surtout être laissée à la sagesse des tribunaux.

Cependant on peut dire d'une manière générale que toutes les obligations naturelles fondées sur une cause ou subordonnées à une condition illicite, rentrent dans cette classe de proscription dont nous venons de parler.

Ainsi les pactes faits sur les successions futures ; ceux qui ont pour objet la puissance paternelle, l'ordre des successions, une société dont le but serait criminel, des conventions pour établir la contrainte par corps, l'usure, ou rétablir des services féodaux.

L'exécution qui aurait suivi de pareils pactes doit être regardée comme de coupables tentatives que la loi doit repousser et priver de tout secours.

Contradiction de deux arrêts de la Cour de cassation, au sujet de conventions tendant à rétablir des services féodaux. Opinion de M. TOULLIER, celle de M. DUVERGIER.

Y a-t-il obligation naturelle dans le cas où les débiteurs de rentes féodales en ont été déchargés par la loi du 17 juillet 1793, et, par conséquent, peut-on annuler, comme étant faits sans cause, les nouvelles stipulations qu'ils auraient faites depuis cette loi, stipulations récognitives d'anciens titres féodaux ?

Il ne doit pas être permis d'éluder une loi touchant l'ordre public ; il faut, pour rester fidèle au principe que nous avons déjà exposé, refuser toute efficacité aux conventions que le législateur trouve dangereuses ou qui violent les principes sur lesquels est fondée l'organisation politique du pays, et c'est principalement sous ce point de vue, que nous devons envisager la loi du 17 juillet 1793, dont les dispositions, en renversant les bases de l'ancienne société, lui ont donné une nouvelle face et ont reconstruit un nouvel ordre de choses.

Il ne nous appartient pas de juger un tel acte. Il est des motifs d'opportunité qui justifient cette apparente spoliation. Nous disons, apparente, car au pouvoir législatif appartient le droit de défaire ce qui a été établi, d'effacer une antique usurpation par une mesure réparatrice. Dès lors le but de la loi ne serait-il pas manqué, si, à côté de l'obligation civile éteinte, il restait une obligation naturelle?

Doit-on supposer que le législateur, guidé par des motifs politiques de la plus haute importance, n'ait fait qu'un ouvrage à demi et permis de réédifier partiellement, ce qu'il voulait détruire d'un seul coup et à tout jamais? Mais, dira-t-on, il est des scrupules que l'on doit respecter: parmi les rentes féodales il y en avait qui n'étaient ni usurpation, ni abus de puissance féodale; dès lors on doit permettre au débiteur de continuer à les servir, du moment que le parti contraire lui semble une violation de toute bonne foi.

Sans doute, sous le point de vue de l'équité, cette opinion est raisonnable; nous verrons même, plus tard, qu'elle est professée par M. TOULLIER, dont nous n'admettons cependant pas le système.

En effet, il nous faut opter entre ces raisons et les motifs d'ordre public qui ont dicté la loi, et c'est ce dernier parti que nous adoptons; car, pour les gouvernements des sociétés civiles, les conventions essentiellement subversives des lois, qu'ils sont chargés de maintenir, doivent être comme si elles n'avaient jamais été; il est impossible qu'elles soient considérées comme la source d'engagements valables à un degré quelconque. Il y aurait du danger, et ce serait, à notre avis, un contre-sens d'accorder à de pareils engagements le titre d'obligation naturelle, qui est favorable, qui exprime une sorte de protestation contre les dispositions des lois positives, qui semble opposer la force du Droit naturel à la puissance du Droit civil, et qui conduit au moyen de la non-répétition du paiement à valoir comme obligation civile, c'est-à-dire, à aller directement contre le but du législateur.

La Cour de cassation n'a pas été parfaitement d'accord sur cette matière importante. Par un arrêt du 20 octobre 1808 (SIREY, vol. XI, 1, 323), elle a jugé que la convention par laquelle l'ancien débiteur d'une rente féodale s'oblige à en continuer le paiement, est valable, parce qu'une cause naturelle est nécessaire pour valider un acte.

4

Par un autre arrêt, au contraire, du 9 juillet 1811 (vol. xi, 1, 321), elle avait jugé que, si la convention nouvelle n'est qu'un acte récognitif de l'ancien titre féodal, si elle n'y fait point novation, la nullité de l'ancien titre entraîne celle du premier.

Ce premier arrêt admet qu'entre un ci-devant seigneur et son tenancier il est permis de faire un bail perpétuel du même immeuble qui, antérieurement à la loi de 1793, avait été donné perpétuellement à cens ou à fief, pourvu que le nouveau titre n'offre en soi aucun signe de féodalité et ne soit aucunement récognitif du premier, et ce dernier point avait déjà été reconnu par un arrêt du 25 octobre 1808, qui regarde comme nul un acte récognitif d'une rente féodale dont cet acte ferait une rente foncière, et soumet l'acte récognitif à la même nullité qu'a déjà encourue l'acte primordial entaché de féodalité.

Dans le premier arrêt, la Cour de cassation reconnaît qu'on ne peut quereller le nouveau bail, comme étant sans cause (le bailleur ne donnant qu'un immeuble qu'il avait déjà auparavant concédé à perpétuité), parce qu'il y a cause suffisante dans l'ancienne dette qui existe comme obligation naturelle; et, dans le second arrêt, la Cour suprême reconnaît implicitement qu'il n'y a plus de cause.

Il y a en effet contradiction dans ces deux arrêts. Que ce soit un nouvel acte, ou seulement un acte récognitif, il y a toujours certainement connexité entre eux: les stipulations tombées sous le coup de la loi de 1793 et les stipulations nouvellement intervenues. Cette connexité existe dans les choses, peu importe qu'on se réfère à un acte préexistant, ou qu'on fasse un nouvel acte, car le but qu'on atteint est le même dans les deux cas; c'est toujours un acte annulé comme entaché de féodalité, qu'on fait revivre lorsqu'on fait un acte qui n'est pas seulement récognitif; et c'est ce que nous ne saurions admettre, nous fondant sur l'intention présumée du législateur, sur les motifs d'ordre public qui doivent faire recevoir sa décision d'une manière absolue, n'établissant, à cet égard, aucune différence entre le cas où il y a un nouvel acte et celui où il n'y a qu'un acte récognitif. Nous pensons donc que,

dans le premier comme dans le second cas, le débiteur d'une rente
originairement féodale, pourrait faire annuler le contrat par lequel il
se serait obligé à servir la même rente, postérieurement à la loi de 1793.

La jurisprudence de la Cour de cassation n'a pas seule été en désaccord
sur cette question; les auteurs les plus graves ont souvent été d'avis
différents.

Ainsi, M. Toullier se prononce pour l'arrêt par lequel la Cour
de cassation avait décidé que la convention par laquelle l'ancien débiteur d'une rente féodale s'oblige à en continuer le paiement, est valable, parce qu'une cause naturelle est suffisante pour la validité des
actes; tandis que M. Duvergier blâme cet arrêt, tout en approuvant
l'autre qui semble une contradiction au premier, que désapprouve
M. Toullier.

Voici, du reste, comment M. Toullier envisage la question et dé-
montre la contradiction de ces deux arrêts.

« Dès que, dit-il, la Cour de cassation reconnaît que l'obligation de
« payer les rentes supprimées, sans indemnité, *a une cause naturelle*,
« qu'importe que le titre primitif et féodal soit rappelé, cette solution ne
« peut rendre à la rente confirmée le caractère de féodalité qu'elle a
« perdu. Le débiteur peut donc dire à son créancier : je vous devais
« une rente féodale supprimée par la loi sans indemnité; je trouve injuste
« que la loi m'ait enrichi à vos dépens, et je veux vous continuer le
« paiement de cette rente comme rente foncière.

« La prétention de rappeler le titre ancien laisse, dit-on, la faculté de
« faire revivre éternellement; mais le silence gardé sur le titre ancien
« empêcherait-il de le faire revivre, s'il intervenait une loi qui rétablit les
« rentes féodales, comme la loi du 9 brumaire an VI a rétabli la rente
« convenancière ?

« Sans doute, poursuit-il, la Charte constitutionnelle s'opposera tou-
« jours au rétablissement de la féodalité et du régime féodal, qui portaient
« une atteinte manifeste au droit de propriété; sans doute encore, les
« terres qui ont été vendues libres de toutes rentes, soit par l'État, soit

« par les anciens propriétaires qui les ont mises hors de leurs mains, ne
« sauraient plus, sans une violation de la foi publique, être assujetties à
« payer les rentes dues par les anciens et précédents propriétaires. Mais
« les propriétaires qui n'ont reçu les terres qu'ils possèdent encore, ou
« qui sont possédées par leurs héritiers, que sous la condition de payer
« une rente pour prix du transport de la propriété, ne pourraient-ils pas
« être assujettis à continuer le paiement de ces rentes, comme les colons,
« qui ont été, par la loi du 9 brumaire an VI, assujettis à continuer le
« paiement des rentes convenancières ?

« Si la loi qui supprima les rentes sans indemnité fut une injustice,
« comme on en convient généralement, la loi qui les rétablirait ne serait
« qu'un retour à la justice, pourvu qu'elle ne rétroagît pas sur le passé.
« Les propriétaires des terres affectées à des rentes anciennement féodales
« ne pourraient raisonnablement se plaindre que la loi leur retirât un
« don gratuit qui leur avait été fait en 1793, dans un temps où les prin-
« cipes de justice étaient complétement oubliés ou violés ouvertement ;
« leurs plaintes seraient d'autant plus mal fondées, qu'ils ont déjà gagné
« plus de vingt années d'arrérages.

« Mais le maintien de la paix publique qui serait infailliblement troublée
« par un tel rétablissement, doit arrêter sur ce point un législateur sage
« et prudent, et le temps qui finit par tout légitimer, en fait de propriété,
« ne permet plus de revenir sur d'anciens droits effacés par la prescription,
« cette patronne du genre humain » (M. TOULLIER, tome 6, n.° 186).

L'injustice des lois abolitives des rentes féodales pour concession de
fonds, a préoccupé vivement l'auteur que nous venons de citer, et lui
a fait oublier, dit M. DUVERGIER, que, lorsque le législateur a établi des
règles dont la violation serait la perturbation de ce qu'il appelle l'ordre
public, il faut que les volontés particulières s'inclinent devant l'opinion
du pouvoir qui dirige et représente la société.

Du reste, voici la manière dont M. DUVERGIER combat le système
de M. TOULLIER, et nous ne croyons pouvoir mieux faire que de rapporter ses paroles.

« Si une loi nouvelle vient détruire la loi qui consacrait l'injustice,
« les conventions qui étaient proscrites seront possibles et valables, par
« la raison bien simple que l'ordre public sera construit et entendu d'une
« manière différente.

« Mais tant que la législation qu'on accuse d'être spoliatrice et violente,
« subsiste, il n'est permis à personne de se soustraire à ses dispositions.

« Il paraît étrange que l'ordre, la justice et la raison publique soient
« ainsi choses variables et changeantes; par le temps qui court nous
« devrions cependant être familiarisés avec ces brusques revirements de
« doctrine et de législation.

« Sans chercher à les justifier, en reconnaissant qu'au fond des consciences
« il y a un sentiment moins mobile que la pensée des hommes qui se
« succèdent rapidement dans le gouvernement du pays, les jurisconsultes
« doivent persister à dire que là où il existe une règle d'ordre public, les
« conventions privées ne peuvent s'en écarter; que si elles la violent,
« elles sont nulles. »

Ces observations nous serviront à résoudre plusieurs importantes
questions qui se présenteront dans le cours de notre travail.

*Un traité par lequel le titulaire d'office s'oblige à payer
à son prédécesseur un supplément du prix porté au
traité ostensible, est-il nul même entre les parties contractantes ? — Lorsque ce supplément de prix aura été
payé, en tout ou en partie, la restitution peut-elle étre
exigée ?*

Pour résoudre la première question, il faut examiner si le droit des
titulaires d'office constitue une véritable propriété.

Les règles qui régissent la propriété en France, sont diverses; elles
varient selon qu'elles s'appliquent aux meubles ou aux immeubles; les
choses incorporelles ne sont pas gouvernées par les mêmes dispositions
que les choses corporelles; les garanties accordées aux œuvres de l'esprit

sont autres que celles accordées aux produits physiques de l'industrie humaine.

Entre les immeubles, il y a des distinctions : une mine, un marais, les édifices, les constructions urbaines, les bâtiments ruraux, les usines, sont des objets divers, régis par des dispositions diverses et différentes.

Ainsi, selon que la propriété s'applique et s'exerce sur différents objets, elle s'accroît ou diminue, devient plus ou moins absolue, selon que l'intérêt général l'exige.

Voyons donc quel est le droit de propriété qui compète aux titulaires d'offices, si ce droit est complet; quelle modification il reçoit dans l'intérêt public.

Le droit de propriété des titulaires d'offices n'est pas complet sous le point de vue de la perception des fruits, puisque les produits de ces charges sont limités par des tarifs; de plus, les titulaires peuvent être dépouillés de leur charge par mesure disciplinaire.

Enfin, ils ne jouissent pas d'une liberté pleine et entière dans la transmission de leur droit de propriété d'office.

Sans entrer dans l'examen de la loi de 1816 sur la transmission des charges, nous dirons que cette loi, toute incomplète et obscure qu'elle est, établit que la transmission des charges est soumise à la surveillance du Gouvernement, qui a le droit d'en examiner les conditions, dont la plus importante est, sans contredit, celle qui en fixe le prix.

Nous ne prétendons pas que ce contrôle soit établi d'une manière claire et précise dans la loi de 1816, que nous croyons fort incomplète; mais plusieurs arrêts en donnent le sens et l'interprétation.

De là découle la doctrine que le Gouvernement a un droit de surveillance sur la transmission des charges et, par conséquent, sur le prix, qui doit être fixé d'une manière authentique.

Cela bien établi, nous avons à examiner :

1.° Si un supplément de prix porté au traité ostensible, est nul, même entre les parties contractantes?

2.° Si, lorsque ce supplément aura été payé en tout ou en partie, la restitution peut être exigée?

On ne niera pas, je pense, que l'ordre public est intéressé à ce que le prix des charges ne dépasse pas certaines limites; que l'autorité ministérielle a la mission légale de vérifier, dans chaque traité, si ces limites ne sont point franchies. Enfin, nous ajouterons que l'ordonnance de nomination contient défense implicite aux parties d'élever le prix au delà de la somme qu'indique le contrat qu'elles ont soumis au Ministre à l'appui de la candidature de l'une d'elles.

Du reste, cette doctrine est celle de la jurisprudence, la seule que nous devions suivre dans le silence de la loi.

Ainsi, une fois qu'il sera établi que le prix ostensible porté à la transmission d'un titre d'office est d'ordre public, on reconnaîtra implicitement que les suppléments de prix faits secrètement en dehors de l'acte apparent, doivent être frappés de nullité; car il ne doit pas être permis de se dérober à une mesure d'ordre public.

Ici s'élève la question de savoir si cette promesse secrète de supplément de prix doit constituer une obligation naturelle.

Plusieurs arrêts, tout en prononçant la nullité des traités secrets faits par les titulaires d'offices, ont élevé ces traités au rang d'obligation naturelle, en décidant que les sommes payées en exécution de ces traités, ne pouvaient être répétées. (Arrêts de la Cour royale de Paris, des 15 et 23 janvier 1840, SIREY, vol. 40. 2. 81. — DALLOZ, 40. 2. 95.)

Voici quels étaient les motifs de ces décisions, qui séduisent d'abord par un sentiment d'honnêteté, mais qui, lorsqu'on y réfléchit mûrement, paraissent contraires au Droit.

Nous sommes blessés de la déloyauté de celui qui, pour se soustraire à un engagement volontairement consenti, cherche à faire triompher son manque de foi à l'aide du Droit.

On est tenté, je l'avoue, de contraindre, au moins dans une certaine mesure, la mauvaise foi à l'exécution de ses promesses.

C'était, ont pensé les magistrats qui ont rendu ces décisions, faire assez pour les principes du Droit, que de refuser le titre d'obligation parfaite à ces traités secrets que la loi réprouve, on devait au moins leur laisser le titre et la force d'obligation naturelle; car le but le plus prochain du Droit est la sanction de la justice et la protection de la bonne foi.

Certainement un pareil raisonnement séduit, ce qu'il y a de plus facile à séduire chez un magistrat droit et honnête : la conscience. Cependant, avec M. DUVERGIER, nous croyons que, tout en suivant ces règles, presque infaillibles, de l'équité naturelle, ces magistrats ont mal jugé.

Voici comment nous croyons le prouver, et ce raisonnement ne sera que la conséquence du système que nous avons exposé dans la division des obligations naturelles.

Il y a, au-dessus des intérêts particuliers, individuels, au-dessus de la bonne foi ou de la mauvaise foi, quelque chose de plus important, l'ordre public, c'est-à-dire la réunion de tous les intérêts : au-dessus des volontés particulières, la volonté du pays, qui les domine toutes, et cette règle fondamentale de tout gouvernement, que là où il existe une règle d'ordre public, les conventions privées ne peuvent s'en écarter.

Comme nous l'avons dit, le législateur doit briser les liens qui offensent ou la morale ou les intérêts de l'ordre public; il ne doit jamais leur reconnaître aucune efficacité, même celle d'obligation naturelle.

Cette théorie, que nous avons déjà eu l'occasion d'appliquer à plusieurs points de Droit, reçoit ici encore son application.

Il est d'ordre public que l'autorité exerce un contrôle sur la transmission de charges dont le nombre est limité et dont les titulaires concourent, plus ou moins directement, à la stabilité des transactions, à la constatation des faits du plus haut intérêt pour les familles, et enfin à la distribution de la justice. (M. DUVERGIER, Traités secrets, Revue étrangère et française, tome 7, p. 581.)

Il est cependant un raisonnement spécieux, appuyé sur un vieil adage de la législation romaine, qui fournirait un moyen puissant pour combattre notre doctrine : *in turpi causa melior est causa possidentis.*

On pourrait bien nous faire la concession qu'une obligation naturelle ne prendra jamais sa source dans une cause contraire à l'ordre public ou à la morale.

Mais, tout en nous accordant cela, on nous objectera qu'entre les deux complices de l'acte réprouvé, la cause la meilleure est celle de celui qui peut invoquer la possession en sa faveur. On ajoutera que la justice ne doit pas se souiller au contact de ces turpitudes; que la loi doit repousser loin d'elle ceux qui ont fait des conventions contraires à la morale ou à l'ordre public.

A cela nous répondrons, qu'ici la loi n'a qu'un but vers lequel elle doit avoir constamment les yeux fixés; c'est que toutes les conventions qui sont contraires à l'ordre public ou à la morale, doivent n'avoir aucun effet; tous ses efforts doivent tendre à ce qu'aucune trace de ces actes condamnables ne puisse exister, que personne ne puisse en tirer un bénéfice quelconque; et, comme nous l'avons dit, il n'est pas logique de repousser, comme contraires à la morale et à l'ordre public, des conventions, et de les élever en même temps au degré honorable d'obligation naturelle, sorte de protestation de la conscience contre les lois positives; la conscience peut-elle approuver ce que la vertu, l'ordre public repoussent? jamais.

A tous ces arguments nous en ajouterons un autre, qui sera le dernier.

Le législateur, dans l'article 1965, frappe de nullité les obligations naissant de jeu; il les frappe de nullité comme contraires à l'ordre public et à la morale. Dans l'article 1967 il refuse la répétition de ce qui aurait été volontairement payé par suite d'une pareille obligation.

L'article 1967 est une exception : comme toute exception, on doit l'entendre dans un sens restrictif.

En isolant ainsi la dette de jeu des autres obligations naturelles contraires à l'ordre public ou aux bonnes mœurs, le législateur n'a-t-il pas entendu dire qu'il ne leur accordait pas le même bénéfice?

N'a-t-il pas montré qu'une obligation naturelle, honteuse ou coupable,

5

n'avait aucune existence à ses yeux, et que toujours on pouvait, après avoir payé une telle obligation, avoir la *condictio indebiti?* [1]

Du jeu et du pari.

Les lois romaines refusaient non-seulement l'action pour une dette de jeu, mais elles autorisaient la répétition en cas de paiement. L'action en répétition était même si favorable, qu'on avait prorogé pour elle la prescription jusqu'à cinquante ans, même quand le perdant négligeait de se faire rendre l'argent qu'il avait payé; les officiers municipaux le recevaient pour lui, et l'employaient à des ouvrages publics : *victum in aleæ lusu non posse conveniri, et si solverit habere repetitionem, tam ipsum quam hæredes ejus adversus victorem, et ejus hæredes repetere neglexerint : liceat cuicunque volenti, et præcipue civitatis, in qua id factum est primati vel defensori repetere, et in opera civitatis id expendere* (*L.* 3, *c.* XLIII, 3).

Une telle dette, d'après la constitution de JUSTINIEN, dont nous venons

---

1 Au moment de mettre sous presse, il vient de paraître un nouvel arrêt, qui confirme notre théorie sur cette matière; nous nous empressons de le transcrire.

Office. — *Vente.* — *Traité secret.* — *Prix supérieur ou prix ostensible.* — *Paiement.* — *Restitution.*

La somme payée en vertu d'un traité secret, en augmentation du prix ostensible d'un office, est sujette à répétition. En cette matière, qui intéresse essentiellement l'ordre public, on ne peut se prévaloir de l'exception portée dans la seconde partie de l'article 1235 du Code civil, relativement à l'acquit des obligations naturelles (arrêt du 30 juillet 1844, rendu par la chambre civile de la Cour de cassation; arrêt conforme de la chambre des requêtes du 1.er août de la même année). Cette jurisprudence vient d'être consacrée de nouveau pour le rejet du pourvoi du Sieur Planchenaud, au rapport de M. le conseiller F. Faure et sur les conclusions conformes de M. l'avocat-général Delapalme, plaidant M. Ledien (Gazette des tribunaux, 13 août 1845).

de citer une partie, ne constituait même pas à ses yeux une obligation naturelle qu'une caution ou un fidéjusseur pouvait valider : *data autem super aleæ lusu cautio sit irrita et condici possit (eadem const.)*.

Cependant, certains jeux, propres à développer l'adresse et la force, furent exceptés de la prohibition. JUSTINIEN en donne l'énumération, et fixe jusqu'à quel intérêt il sera permis d'élever les paris.

En France, on a de très-anciennes ordonnances contre le jeu.

Charlemagne, dans ses Capitulaires, défendit les jeux de hasard, sous peine pour ceux qui contreviendraient à cette défense d'être exclus de la communion des fidèles.

Charles IV, par une ordonnance de 1319, défendit de jouer certains jeux énumérés dans son ordonnance, à peine de quarante sous parisis d'amende.

Charles V renouvela la même peine par une ordonnance du 3 avril 1369.

L'article 140 de l'ordonnance de 1629 autorisait les pères et mères et tuteurs à répéter les sommes que les mineurs avaient perdues au jeu contre ceux qui les avaient gagnées.

En permettant la répétition du paiement fait par le mineur, l'ordonnance de 1629 élevait donc l'obligation naissant du jeu au rang d'obligation naturelle; car, en faisant une exception pour les mineurs, elle reconnaissait implicitement que l'action en répétition ne compétait pas au majeur qui avait volontairement payé.

L'ordonnance du 1.er mars 1781 se montre plus sévère; elle refuse à la dette de jeu le titre et la force d'obligation naturelle.

L'article 10 ne reproduit plus l'exception introduite en faveur de la minorité; elle déclare nuls tous contrats, billets faits pour dettes de jeu, soit par des mineurs, soit par des majeurs.

Les rédacteurs du Code civil se trouvaient placés entre deux systèmes contraires : devaient-ils suivre les dispositions rigoureuses du Droit romain, qui refusait même aux dettes de jeu le titre d'obligation naturelle, ou pencher du côté de l'ordonnance de 1629, qui, en établissant la répétition de ce qui avait été payé par les mineurs, déniait tacitement le même privilége aux majeurs, et donnait à la dette de jeu la force et le caractère d'obligation naturelle.

Voici la manière dont la question fut envisagée par M. PORTALIS dans son Exposé des motifs :

« Nul engagement valable sans cause, disait cet orateur. La maxime est « incontestable.

« Or, quelle est la cause d'une promesse ou d'une obligation con-« tractée au jeu? l'incertitude du gain ou de la perte; il serait impossible « d'assigner une autre cause.

« Nous savons que des événements incertains sont une matière licite à « contrats, et que les espérances et les risques peuvent recevoir un prix ; « mais nous savons aussi qu'il faut quelque chose de plus solide et de « plus réel que le désir bizarre de s'abandonner aux caprices de la for-« tune pour fonder des causes sérieuses d'obligations entre les hommes.

« Il y a une grande différence entre un contrat qui dépend d'un évé-« nement incertain et un contrat qui n'a pour cause que l'incertitude « quelconque d'un événement.

« Dans les contrats d'assurance à la grosse aventure il y a autre chose « que l'incertitude de l'événement, le but en est utile; au lieu que les « obligations fondées au jeu n'ont aucune raison d'appeler sur elles « l'attention du législateur. »

L'orateur continue ainsi : « On ne peut être heureux au jeu que de « l'infortune des autres : tout sentiment naturel entre les joueurs est « étouffé, tout lien social est rompu. Un joueur forme le vœu impie, « inhumain, de prospérer aux dépens de ses semblables; il est réduit à « maudire le bien qui leur arrive, et à ne se complaire que dans leur « ruine.

« Quelle faveur peuvent obtenir auprès des lois les obligations et les « promesses que le jeu produit, que la raison condamne, et que l'équité « désavoue? Ignore-t-on que le jeu favorise l'oisiveté, en séparant l'idée « de gain de celle de travail, et qu'il dispose les âmes à la dureté et à

« l'égoïsme le plus atroce? Ignore-t-on les révolutions subites qu'il pro-
« duit dans le patrimoine des familles particulières, au détriment des
« mœurs publiques et de la société en général. »

Le législateur, poussé par toutes ces raisons, ces intérêts graves de la
famille et de la morale, déshérita de telles obligations de toute action ;
mais il les éleva au rang honorable d'obligation naturelle. En faisant cela,
ne tomba-t-il pas dans une évidente contradiction ?

Et lorsque, du haut de la tribune, M. PORTALIS faisait entendre ces
graves et émouvantes paroles :

« Notre âme est froissée ; nous frissonnons quand on nous présente
« sur la scène le spectacle d'un joueur déchiré de remords, environné
« des débris de son patrimoine, accablé sous son infortune et ne pouvant
« supporter le fardeau de la vie au milieu des reproches et des pleurs
« d'une famille désolée.

« Eh quoi ! la justice, en donnant une action utile pour les promesses
« contractées au jeu, viendrait-elle consommer avec son glaive le sacrifice
« commencé par la cupidité ? Non, législateurs, la morale de nos lois ne
« peut être ni moins pure ni moins austère que celle de nos théâtres ! »

Hé bien, n'était-ce pas contradiction que de valider naturellement de
semblables obligations.

Peut-être, objectera-t-on, que jusqu'à un certain point le jeu se trouve
introduit et protégé par nos mœurs.

A cela je répondrai que le législateur est le médecin du corps social,
sa vie et son salut sont entre ses mains, et de même que pour conserver
la vie du corps, le médecin ne doit pas craindre d'employer le fer et
le feu pour détruire le mal, de même le législateur doit se poser au-
dessus des réclamations du présent et avoir constamment les yeux fixés
sur le but.

Le régime féodal aussi avait de profondes racines dans l'antique société ; le temps, qui légitime la possession, avait acquis à cet ordre de
choses une autorité grave et sainte. Cependant la féodalité a disparu du
sol français, le législateur l'a violemment anéantie : il n'a pas craint de

dépouiller de leurs propriétés ceux qui, en leur faveur, pouvaient invoquer la prescription immémoriale des siècles, et il a craint de dépouiller
ceux qui se seraient enrichis par le moyen justement soupçonné du
jeu, qui, comme le déclare M. PORTALIS, est contre l'ordre public et
la morale.

Il y a contradiction, disons-nous, dans un pareil ordre de choses.

Retirer l'action pour la dette de jeu, et refuser la répétition de ce
qui aurait été payé par suite d'une pareille obligation, aurait été volontairement payé, ce sont deux propositions qui se choquent et se contre-
disent.

Nous avons vu dans le paragraphe précédent que tout acte, quelque
déguisé qu'il soit, qui tendrait à faire revivre des rentes féodales, devrait
être annulé : pourquoi n'en serait-il pas de même du jeu, que la loi
aussi réprouve et condamne.

Le législateur en a décidé autrement. Peut-être un jour une nouvelle
réforme sera-t-elle nécessaire pour extirper le jeu de notre société. En
attendant suivons les dispositions de la loi ; car, comme nous l'avons
dit, les volontés particulières doivent s'incliner devant celle du législateur qui dirige la société.

Il nous reste à voir si la preuve par témoins peut être admise quand
on se plaint de ce qu'une promesse contractée au jeu a été cachée sous
la forme d'un simple prêt?

Une ordonnance de 1629 déclare que toutes dettes contractées pour
le jeu sont nulles, et que toutes obligations et promesses faites pour le
jeu sont nulles et de nul effet.

La jurisprudence ne s'est jamais écartée des dispositions de cette
ordonnance, « et, dit M. PORTALIS, nous n'avons pas cru devoir aban-
« donner une jurisprudence si favorable aux bonnes mœurs et si néces-
« saire pour prévenir les désordres d'une passion dont tous les législateurs
« ont cherché à réprimer les excès. »

La loi française, comme les législations qui l'ont précédée, se relâche
de sa rigueur à l'égard des jeux d'adresse ; cependant tout en autorisant

de pareilles obligations, elle autorise les tribunaux, lorsqu'il s'agit du paiement de pareilles obligations, à rejeter la demande, si la somme réclamée paraît excessive.

SECONDE CLASSE.

Obligations naturelles auxquelles la loi n'a pas refusé toute efficacité.

Bien que par certaines considérations la loi n'ait pas voulu ranger au nombre des obligations civiles certaines obligations, elle leur a donné le titre d'obligations naturelles, en attachant à ce titre certains effets dont nous avons parlé.

Voici les motifs principaux qui ont poussé le législateur à priver d'effets civils certaines obligations.

L'incapacité.

Comme nous l'avons déjà dit, le législateur a, dans certains cas, refusé aux intentions des contractants les effets qu'elles produisent ordinairement ; dans certains cas il a, dans des intérêts particuliers, prononcé des incapacités.

L'incapacité doit être formellement prononcée par la loi ; car la règle générale à cet égard, c'est que toute personne à qui la loi ne l'interdit pas, est capable de contracter.

En général, les causes d'incapacités sont, ou dans la présomption que ceux qui contractent n'ont pas un discernement suffisant, ou dans des considérations d'ordre public.

Ainsi les mineurs sont regardés, à cause de la faiblesse de leur raison et à cause de leur inexpérience, comme incapables de connaître la portée de leurs engagements; on peut contracter avec eux, mais s'ils sont lésés, on est censé avoir abusé de leur âge.

Leur capacité cesse pour tout acte qui leur est préjudiciable.

Mais quoique le législateur ait refusé un effet civil à de pareilles obligations, il leur reconnaît la force d'obligations naturelles.

Ainsi lorsqu'un mineur, devenu majeur, aura acquitté une semblable obligation, il ne pourra plus répéter le paiement fait volontairement.

Il en sera de même de l'interdit auquel la loi a refusé la faculté de s'obliger.

Au nombre des droits et des devoirs respectifs des époux se trouve l'inhibition à la femme, à celle même qui serait séparée de biens ou non commune d'aliéner, d'hypothéquer ou d'acquérir, soit à titre gratuit, soit à titre onéreux, sans le concours du mari dans l'acte, ou sans son consentement par écrit, et, en cas de refus du mari, sans l'autorisation de la justice.

Les actes passés par la femme en violation de ces incapacités sont nuls, mais ces actes auront la force d'obligations naturelles; et lorsque le mariage aura pris fin, la femme qui ratifiera de semblables obligations ne pourra en répéter le paiement.

En terminant l'exposé des incapacités du mineur, de l'interdit et de la femme mariée, nous ferons observer que ces prohibitions n'ont été prononcées que pour protéger et conserver leurs droits.

L'incapacité ne peut leur être opposée par des personnes qui se sont obligées envers eux.

Comme nous l'avons observé, l'exécution volontaire, en cas de capacité, fait obstacle à la répétition de ce qui a été payé (art. 1338); ce qui prouve que l'obligation n'était pas dénuée de tout effet, et, par conséquent, qu'elle était soutenue au moins par le Droit naturel.

On peut dire que ces obligations naturelles dérivent de la qualité même des personnes obligées.

On pourrait aussi ranger dans cette classe l'obligation d'un père de nourrir l'enfant qu'il a eu hors mariage et qu'il n'a point légalement reconnu, ou qu'il n'a pu légalement reconnaître. Cette obligation est la plus sacrée aux yeux de la nature et de l'humanité.

Cependant, *in sensu stricto*, je ne crois pas que ce soit là une obligation naturelle, pas plus que le devoir d'un père de doter sa fille ; car ces obligations ne sont rien aux yeux du Droit civil, tant que le père ne s'est pas engagé, et du moment qu'il l'est, ce n'est plus une obligation naturelle, c'est une véritable obligation civile.

On peut aussi ranger parmi les obligations naturelles, celle d'un débiteur auquel ses créanciers ont fait remise de tant pour cent, lorsque cette remise a été consentie en considération de sa position et pour sauver quelque chose de leurs créances.

La partie remise constitue une obligation naturelle, et même, sous un certain point de vue, on peut dire que cette obligation est mixte ; car, si le traité a eu lieu en justice, si c'est un véritable concordat, le failli ne peut obtenir sa réhabilitation qu'en justifiant qu'il a soldé capital et intérêts, le montant intégral de ce qu'il devait lors de sa faillite, ainsi que les frais (art. 6o5, Code de commerce).

Obligations naturelles dérivant de la qualité de l'affaire.

Dans certains cas le législateur a voulu que la volonté fût manifestée avec une solennité particulière.

Dans certains cas la loi civile frappe donc de nullité des engagements pour vice de forme.

De là une source nombreuse d'obligations naturelles.

On doit encore regarder comme obligations naturelles toutes celles qui ont une juste cause (*justa causa*), mais contre lesquelles les lois, par des considérations d'intérêt général ou par des motifs tirés de circonstances particulières, ont créé des exceptions péremptoires, telles que la prescription, les déchéances ; une réduction ou des présomptions, telles que le serment, l'interposition des personnes, etc.

Peut-on garantir une obligation naturelle provenant d'incapacité ?

L'obligation naturelle étant dépourvue de toute action, ne pouvant même dans notre Droit fournir d'exception, si ce n'est celle de non-répétition de paiement fait; pourrait-on garantir une semblable obligation?

Il est évident que l'incapable ne pourrait valider une obligation qu'il ne peut consentir en fortifiant cette obligation par un gage, une hypothèque.

Ce serait se jouer des sages prohibitions du législateur; le doute ne peut pas exister de ce côté.

Il ne peut s'élever que dans le cas où un tiers serait venu garantir une incapacité dont il avait connaissance.

Certainement un pareil cautionnement sera valable; mais pourrait-on considérer ce cautionnement comme un véritable cautionnement? N'est-ce pas plutôt une obligation principale? car il est évident qu'une des qualités essentielles du cautionnement manque, c'est-à-dire le recours contre le cautionné.

En effet, si la caution peut prouver qu'elle n'a pas eu connaissance de la nullité, elle peut se faire décharger, parce qu'alors elle peut objecter avec raison qu'elle ne s'est obligée que parce qu'elle avait compté sur un recours; son engagement doit donc tomber dès qu'il manque de la condition sous laquelle il avait été contracté.

Mais lorsqu'il s'agira d'une obligation naturelle contraire à l'ordre public ou aux bonnes mœurs, un cautionnement ne pourra jamais intervenir; car on ne peut pas garantir ce qui ne pourra jamais avoir une existence aux yeux de la loi.

Il en sera de même dans un contrat qui est nul, parce que les parties sont respectivement incapables soit de se donner, soit de se vendre, il n'y a là aucune obligation naturelle; car le fait même du contrat est une violation de la loi qui le prohibe dans un intérêt plus élevé que le leur.

Les créanciers peuvent-ils s'élever contre l'exécution d'une obligation naturelle, peuvent-ils l'attaquer ?

Nous avons parlé de l'obligation naturelle prenant sa source dans un testament nul pour défaut de formes ; nous avons vu que l'héritier peut se croire obligé à cette exécution d'après les lois de sa conscience ; mais les droits des créanciers devront-ils être sacrifiés à cette générosité, les droits des cohéritiers même pourront-ils être lésés par une semblable obligation ?

Non certes, car, bien qu'il s'agisse ici d'une volonté étrangère à l'héritier, les ayants droit peuvent attaquer une semblable exécution par la force même de la loi.

Ils ont l'action paulienne, en vertu de l'article 1167 ; alors ils doivent prouver, non-seulement le dommage, mais encore le dessein de frauder : *consilium et eventus.*

Si l'obligation naturelle n'est pas encore exécutée, les créanciers peuvent attaquer l'obligation elle-même et exercer, au nom de leur débiteur, l'action en nullité que celui-ci négligerait d'exercer.

Il en sera de même des obligations contractées par l'incapable ; les créanciers ont le droit d'en demander la nullité ; mais si l'incapable a ratifié par un paiement volontaire l'obligation naturelle, après que l'incapacité a cessé, les créanciers ne peuvent attaquer ce paiement ; car le débiteur est le seul juge compétent de la validité d'une pareille obligation.

La loi cependant apporte une exception à ce principe : dans l'article 2225, la loi autorise formellement les créanciers à opposer la prescription, lors même que le débiteur y renoncerait. En établissant cette exception, la loi a sagement voulu punir les créanciers négligents qui, au surplus, luttent avec les autres créanciers *de damno vitando.*

Ce que nous venons de dire au sujet de la prescription, n'est pas applicable au cas où le débiteur aurait payé malgré un jugement rendu en sa faveur ou un serment prêté ; le paiement est une preuve contraire plus puissante que le jugement, qui a pu être mal fondé, ou que le serment, qui a pu être le fruit de l'erreur.

Il ne leur reste alors qu'un seul moyen pour attaquer un semblable paiement : c'est de prouver qu'il n'y avait réellement pas de dette.

Au reste, en recevant un paiement qui n'est dû qu'à la bonne foi de son adversaire, le créancier n'a fait que recevoir le paiement d'une obligation civile dont la preuve était devenue impossible, mais qui n'était point éteinte.

Une dette naturelle peut-elle servir de cause et de fondement à une obligation civile ?

Notre théorie sur la division des obligations naturelles recevra encore ici son application. Ainsi, pour résoudre cette question, il faudra distinguer si l'obligation naturelle intéresse la morale ou l'ordre public; dans ce cas-là, une pareille cause est essentiellement nulle, quand bien même on voudrait la valider civilement. Si, au contraire, l'obligation dont il s'agit n'a pas ce caractère, si elle n'a le titre d'obligation naturelle qu'en vertu d'une prohibition fondée seulement sur des intérêts particuliers, elle pourra servir de cause à une obligation civile.

Ainsi, débiteur envers vous, depuis plus de trente ans, d'une somme que je ne vous ai réellement point payée, et dont vous ne m'avez point fait remise, je vous souscris aujourd'hui l'obligation de vous payer cette somme, au lieu de vous opposer la prescription : cette obligation est valable, parce que ma dette subsistait encore naturellement.

De plus, c'est une nouvelle obligation; ce n'est pas une simple renonciation, et mes créanciers ne pourraient, en invoquant l'article 2225, faire valoir, pour vous écarter, le moyen de prescription, sous prétexte qu'ils ont le droit de le créer quand le débiteur y renonce.

Une obligation naturelle peut-elle devenir obligatoire par la confirmation ?

Nous ne le pensons pas, et, à l'appui de notre opinion, nous citerons les paroles de M. FAVARD DE LANGLADE, dans son rapport au Tribunat sur la loi relative aux contrats : « On ne peut, en aucune manière, « confirmer ni ratifier de prétendues obligations dont la loi n'a jamais « reconnu l'existence........ La loi a déclaré qu'il ne pouvait y avoir de « convention sans objet ou sans cause licite : dans ce cas, il ne peut donc « y avoir lieu à ratification ; mais, dans tous les cas où l'obligé avait « simplement la faculté de proposer une exception, s'il renonce à pro- « poser cette exception, l'obligation reste. »

Ainsi, les actes qu'on a la faculté d'attaquer par voie de nullité ou de rescision et qui n'obligent qu'une partie, peuvent être utilement ratifiés ou confirmés par un nouvel acte valable, comme par leur exécution volontaire.

Distinction entre les obligations naturelles parfaites et les obligations naturelles imparfaites.

Quoique touchant plutôt au Droit philosophique qu'au Droit positif, nous pensons que cette distinction n'est pas tout à fait inutile pour compléter notre sujet; car, selon que sera résolue la question de savoir si l'obligation imparfaite peut être envisagée comme une obligation naturelle, on saura si l'on doit lui appliquer les effets qui sont attachés à l'obligation naturelle. En effet, si l'obligation imparfaite dont nous allons parler, était une obligation naturelle proprement dite, elle produirait les effets de cette obligation; ce qui serait payé par suite d'une pareille obligation, ne pourrait être répété. Dans un certain sens, sous un certain point de vue, l'obligation naturelle, considérée sous le rapport psychologique, est une obligation parfaite.

De cette obligation naît un *vinculum conscientiæ*; l'obligation imparfaite ne produit pas un semblable lien. « Si cela était, dit POTHIER (Traité des obligations), que serait un bienfait? un vrai commerce, et les services que l'on pourrait rendre en vertu de cet acte, ne seraient plus de la reconnaissance, mais le paiement de ce qui était dû. La donation, qui est essentiellement gratuite, perdrait ce caractère. »

D'après cette distinction, POTHIER décide, avec sa raison et sa droiture ordinaires, que, si j'ai manqué de rendre à mon bienfaiteur un service que la reconnaissance m'obligeait à lui rendre, et qu'il me dût une certaine somme, pour laquelle il pourrait m'opposer la prescription, il ne laisserait pas d'être obligé, dans le for de sa conscience, à me payer, sans pouvoir rien compenser de ce qu'il a souffert de mon ingratitude; tandis que si je lui avais dû naturellement, les deux dettes naturelles auraient pu se compenser mutuellement.

VINNIUS range, parmi les obligations naturelles, les actes de bienfaisance, les services rendus; mais ce jurisconsulte n'attache point, du reste, à une telle obligation, qui, dit-il, mérite plutôt le nom de simple devoir, les effets puissants que le Droit romain faisait généralement produire aux obligations naturelles, et que notre Droit lui-même y attache encore, quoique d'une manière bien plus restreinte.

CODE DE COMMERCE.

DES ASSOCIATIONS EN PARTICIPATION.

Les associations en participation, à cause de leur fréquence et de leur importance dans le commerce, ont fixé, de tout temps, l'attention du législateur.

Nées de l'occasion, cessant avec elle, aussi faciles à former qu'à dissoudre, la liberté de leur allure et leur mouvement rapide offrait aux transactions commerciales trop d'avantages pour être négligées.

Les associations en participation sont bien plus anciennes que les autres sociétés. Quand le commerce se faisait par caravane, et que l'armement d'une galère ou d'un navire surpassait les forces d'un particulier; lorsque les expéditions commerciales marchaient en convois, l'association des marchands, la mise en commun des chances de perte et de succès offraient une grande ressource au commerce : lorsque, plus tard, le commerce se centralisait dans les foires, on se réunissait pour s'assurer mutuellement ou pour ne pas se faire concurrence. Les annales les plus antiques des villes commerçantes d'Italie, leurs statuts de toutes les époques, et les anciennes lois commerciales de tous les peuples depuis le moyen âge, font souvent mention de ces sociétés, désignées sous le nom latin d'*implicitæ*, et distinguées des commandites (*accommenditæ*).

Autrefois, la société en participation portait le nom de société anonyme : elle s'appelait ainsi, puisque, contrairement aux autres sociétés, elle n'avait pas un nom distinctif sous lequel elle eût pu s'offrir à la confiance publique; elle était ainsi nommée, dit SAVARY, *comme n'important en façon quelconque au public.*

Lorsque l'on étudie dans le Code de commerce le titre relatif aux sociétés, la première observation que l'on fait porte sans doute sur la division des sociétés. On se demande pourquoi les associations en participation ne se trouvent pas comprises dans la nomenclature de l'article 19. Mais quand on s'est rendu compte de la nature des diverses sociétés, on voit alors que le législateur avait une juste raison pour ne pas comprendre l'association en participation dans la division des sociétés.

Il existe sur cette matière de nombreuses et d'importantes controverses qui, presque toutes, proviennent de la mauvaise définition que l'on en a donnée.

L'article 48 en donne la définition :

« Les associations sont relatives à une ou plusieurs opérations de com-«merce; elles ont lieu pour les objets, dans les formes, avec les pro-«portions d'intérêt et aux conditions convenues entre les participants. »

Voici la définition que nous croyons pouvoir en donner : c'est la réunion passagère et occulte que deux ou plusieurs personnes contractent entre elles pour une ou plusieurs opérations déterminées qu'elles conviennent d'entreprendre en commun, sans d'ailleurs réunir le surplus de leurs affaires et sans mêler aucun autre de leurs intérêts.

Cette espèce de société n'est admise que pour celles qui doivent être faites sur-le-champ, à la hâte. Deux caractères principaux la font distinguer des autres sociétés, et ces deux caractères, une fois posés, nous serviront de principe pour la solution des questions qui se présenteront.

L'association en participation est occulte; elle est essentiellement occulte, quel que soit son objet; si elle se manifeste au public, elle n'est pas une participation. Plus circonscrite que les autres sociétés dans sa sphère d'activité, formée en général, comme je l'ai déjà dit, instantanément, elle ne relève en quelque sorte que de la convention des parties; il s'ensuit que l'association en participation n'a ni nom ni raison, ni signature sociale, ni siége; elle n'est pas sujette aux formalités prescrites pour les autres sociétés (art. 50 du Code de commerce); elle est exempte de publicité ; elle se prouve par tous moyens de preuves, même par la preuve testimoniale.

Le second caractère de l'association en participation est qu'elle est momentanée ; elle doit donc être relative seulement à une ou plusieurs opérations isolées, sans continuité d'intérêt, sans succession d'opérations, sans suite ; car si le but de la société avait été de se livrer à des opérations successives, ces opérations fussent-elles discontinues, et quand bien même on aurait revêtu une telle société du nom de participation, ce serait une société ordinaire. Ainsi, toutes les fois qu'il ne s'agira pas de rapports passagers, d'opérations isolées, mais de relations successives pour l'exploitation d'une branche de commerce ou d'une certaine industrie, il y aura société proprement dite, et non pas simple association en participation.

Ces deux principes posés, nous allons en déduire les conséquences.

L'association en participation forme-t-elle une personne morale ?

Les avis ont été partagés sur cette question, dont les effets sont importants. MM. MERLIN et PARDESSUS soutiennent et concluent à la personnalité de cette société. [1]

Nous allons exposer leur doctrine, que nous combattrons ensuite.

Avant d'entrer dans la discussion, il est bon de dire que, pour se prononcer à cet égard, il faut d'abord discuter et résoudre une autre question ; savoir : si les sociétés civiles elles-mêmes forment des personnes.

Sur cette question de la personnalité des sociétés civiles, comme sur celle de la personnalité des associations en participation, les avis sont

---

1 MM. MERLIN et PARDESSUS exposent ce système dans une consultation faite en 1831, et qui fut sanctionnée par un arrêt intervenu à la Cour royale de Paris le 9 août 1831, dans le procès pour lequel elle avait été délibérée.

partagés, et il ne faut pas s'en étonner, car le Code civil contient nombre de dispositions qui semblent dériver de deux systèmes opposés et se rattacher les unes à la personnalité, les autres à l'impersonnalité des sociétés (BRAVARD VERRIÈRES, Code de comm., p. 57).

D'un côté, les articles 1845, 1846, 1852 semblent conclure à la personnalité des sociétés civiles, en admettant qu'un associé peut être débiteur envers la société, avoir une action contre elle.

L'article 59 du Code de procédure, qui porte qu'en matière de société, tant qu'elle existe, le défendeur sera assigné devant le juge du lieu où elle est établie, semble admettre et fortifier ce système.

Ceux qui adoptent et préconisent le système de la personnalité des sociétés civiles, trouvent aussi un argument dans la loi 22 au *Digeste de fidejussoribus*, où il est dit : *Societas vice personæ fungitur.*

Partant de là, MM. MERLIN et PARDESSUS repoussent l'objection tirée du défaut de publicité de ce genre de sociétés, en disant : que les sociétés ordinaires, telles qu'elles sont réglées par le Code civil, ne sont pas rendues publiques, et que cependant il est hors de doute que le patrimoine de la société est distinct de celui des associés ; que rien dès lors ne peut soustraire la participation à la règle commune. [1]

Comme MM. MERLIN et PARDESSUS, nous allons recourir au Code civil ; mais pour en obtenir une conclusion tout à fait contraire.

En principe, on ne peut admettre l'existence d'un être juridique qu'autant que la loi l'a elle-même constitué ; car, comme le dit M. BRAVARD VERRIÈRES dans son Code de commerce, c'est une fiction, et on ne peut se contenter, à cet égard, de simples inductions.

L'argument tiré de la loi 22, *de fidejussoribus*, est-il bien un argument ? car, si on étudie bien la loi 22, on reconnaîtra que les jurisconsultes romains n'accordaient pas aux sociétés le caractère de personnalité que l'on veut tirer de ces paroles : *societas vice personæ fungitur*. Le titre *pro socio* tout entier en fait foi. POTHIER, dans son Traité des sociétés,

1 Voir la consultation de MM. MERLIN et PARDESSUS, 1831.

ne leur attribue pas non plus ce caractère, et comme les articles 1845, 1846, 1852 ne sont que la reproduction textuelle des passages de POTHIER, on ne peut tirer de ces articles la conclusion que l'on avait voulu en tirer.

Le nouvel argument que l'on avait voulu tirer de l'article 59 du Code de procédure est spécieux; car, en déterminant le tribunal où sera assigné le défendeur, il ne dit pas que c'est la société qui sera assignée.

Du reste, au secours de notre opinion, nous pouvons montrer qu'il y a dans le Code civil des dispositions trop difficiles à concilier avec la personnalité des sociétés. Nous citerons l'article 1849 :

« Lorsqu'un des associés a reçu sa part entière de la créance commune, « et que le débiteur est depuis devenu insolvable, cet associé est tenu de « rapporter à la masse commune ce qu'il a reçu, encore qu'il eût spécia- « lement donné quittance *pour sa part*. » Car, si les créances dues à la société appartiennent pour partie à chacun des associés, que devient le système de ceux qui soutiennent la personnalité de ces sociétés?

De plus, ajoute M. BRAVARD VERRIÈRES, l'économie générale de ce titre montre que le législateur a réglé les rapports d'associés à associés et non pas d'associés à la société.

« Une société, dit M. TROPLONG, fait que toute affaire réside dans la « personne de chaque associé : ce qui se fait au nom de l'un est censé « fait au nom des autres; tout est commun, simultané; de même que « dans un corps animé, ce qui touche une des parties, réagit sur tout « l'ensemble. Au contraire, dans la participation, l'affaire est propre à celui « qui agit; elle est sienne; elle est individuelle; seulement quand l'opé- « ration est terminée, il a à rendre compte et des profits et des pertes. [1] »

Ainsi, s'il fallait admettre que l'association en participation forme un être moral, il s'ensuivrait que les participants seraient engagés envers les tiers par les actes contractés par l'un des associés. Une telle doctrine

---

1 M. TROPLONG, des sociétés civiles et commerciales, vol. 1, §§. 4 — 80 et suiv.

serait en opposition ouverte avec les caractères de la participation, qui est d'être essentiellement occulte.

Chaque associé ne contracte généralement avec les tiers qu'en son propre nom, et le plus ordinairement le résultat des rapports passagers qui ont lieu entre les participants est un compte qu'ils établissent entre eux. En contractant une pareille association, chaque participant ne peut être censé avoir voulu conférer à son coparticipant le droit et le pouvoir de l'engager indéfiniment envers des tiers.

A l'égard des tiers, l'association en participation n'existe pas; et, sous ce point de vue, on a raison de dire que ce n'est pas une société; si, au contraire, on considère les associés entre eux, c'est une société. La conséquence de ces principes, c'est que les tiers ne connaissent que l'individu qui a traité avec eux, et non les autres membres de la société. Si celui qui a traité avec les tiers devient insolvable ou est insolvable, les autres participants ne doivent rien; il n'y a ni solidarité ni obligation, et le tiers qui a traité n'a son recours contre les autres membres qu'autant qu'il y a stipulation expresse à cet égard. L'association en participation ne relevant en quelque sorte que de la convention des parties, c'est là d'abord qu'on doit chercher la règle des rapports respectifs des participants, de leurs obligations et de leurs droits.

Ces associations peuvent avoir la plus grande importance sans changer de caractère; par exemple, si deux négociants convenaient d'acheter en commun tous les sucres ou tous les cafés qui se trouvent actuellement au Havre, pour les vendre à profit partagé; ce serait là une participation. Il ne suffit pas, du reste, que plusieurs négociants aient acheté en commun, il faut encore qu'ils revendent à risques communs; car, pour constituer une association en participation, il faut nécessairement une communauté de profits et de pertes. Si cette communauté n'existait pas, il y aurait copropriété, indivision, qui n'aurait cessé que par le partage des objets en nature.

Comment on reconnaîtra une association en participation.

Cette appréciation sera laissée aux tribunaux, dont la tâche souvent ne sera pas sans difficulté, car il sera souvent difficile de distinguer une association d'une autre société commerciale; on ne pourra facilement les reconnaître qu'en ne perdant jamais de vue les deux principaux caractères dont nous avons parlé. Ainsi, par exemple, une société formée entre plusieurs négociants sans siége, sans raison sociale, même sans acte écrit, ne sera pas toujours nécessairement une association en participation. Si elle a pour objet une série d'opérations, la société sera ou en nom collectif ou en commandite, nonobstant le défaut de formalités exigées par la loi.

Au contraire, si une société est rédigée par écrit avec toutes les formalités voulues par la loi, il ne s'ensuivra pas qu'une telle société ne soit pas une participation; en effet, si cette société a pour objet un ou plusieurs actes de commerce isolés, qu'elle soit momentanée, on ne pourra pas dire que du moment que les participants ont entouré leur société de la publicité, elle ne soit pas une participation.

Ces observations seront d'une grande utilité, lorsque s'élèvera la question de savoir si une société en nom collectif est nulle pour défaut de forme; le cas échéant, si l'une des parties en demande la nullité, elle doit être prononcée; il n'y aurait plus qu'à établir le compte des opérations qui ont été faites en commun jusqu'au jour de la demande.

Si, au contraire, c'est une association en participation; si les caractères qui la distinguent se trouvent réunis, comme la loi dispense de toute formalité cette société, l'association en participation vivra, et l'opération pour laquelle elle aura été constituée, sera continuée et achevée.

De la preuve de l'association en participation.

Il résulte de la nature des associations en participation qu'elles sont libres de toute forme; n'ayant besoin ni de publication ni d'acte écrit, elles peuvent être prouvées par toutes espèces de preuves; par la représentation des livres; par la preuve testimoniale, si le juge l'admet : ainsi le contrat peut être verbal.

Art. 49. « Les associations en participation peuvent être constatées « par la représentation des livres, de la correspondance, ou par la « preuve testimoniale, si le *tribunal* juge qu'elle peut être admise. »

Maintenant s'élève la question de savoir à qui la loi a voulu attribuer la connaissance des difficultés entre participants. Au premier abord, d'après l'article 49 que nous venons de citer, on serait tenté de croire que le législateur a voulu soustraire l'association en participation à la connaissance des arbitres forcés, à la différence des sociétés particulières, qui y sont toujours renvoyées.

Le mot *tribunal*, dont se sert l'article 49, aurait pu le faire supposer. La jurisprudence s'est prononcée clairement à cet égard. Du reste, il est évident, lorsqu'on y réfléchit, que le mot tribunal n'est employé que pour établir la juridiction des juges sur la prononciation de l'existence de la société, sauf à renvoyer devant des arbitres les contestations entre associés, une fois que l'existence de la société sera reconnue.

De l'effet des associations en participation entre les participants et vis-à-vis des tiers.

Nulle à l'égard des tiers, pour qui elle n'existe pas, l'association en participation est une véritable société, quand on la considère dans les rapports des associés entre eux; alors on doit recourir au Droit commun, suivant lequel les pertes et les profits doivent être partagés, etc.

Cette espèce de société, comme les autres, engendre les droits et les devoirs généraux des associés entre eux. Ainsi, la bonne foi et la probité formeront la base de ces rapports; la loi elle-même leur fait un devoir de préférer l'intérêt social à leur propre avantage (art. 1848 et 1849). C'est une union où l'industrie et les biens n'entrent pas seulement en partage; c'est aussi une union de délicatesse et d'honneur : une sorte de fraternité doit exister entre les associés. La loi semble l'avoir indiqué, en voulant que les contestations qui s'élèvent entre eux fussent portées devant un tribunal spécial, une espèce de tribunal de famille, appelé arbitral.

Entre eux, les participants répondront des fautes et des négligences qui compromettraient l'intérêt commun; ils partageront les pertes et les profits, qui, à moins de conventions particulières, seront réglés par l'article 1853 du Code civil.

Étant une négation à l'égard des tiers, puisqu'elle est occulte, l'association en participation n'aura, vis-à-vis d'eux, aucune existence.

Les tiers n'auront pour obligé que celui qui aura traité avec eux, et ils ne pourront prétendre avoir été trompés, puisque l'association était inconnue au public, et s'ils ont contracté, ce n'est que sous la confiance de la solvabilité de leur débiteur.

Aucune solidarité, comme je l'ai déjà dit, n'existe entre les associés; la solidarité n'est pas de l'essence des sociétés, elle n'existe pas de plein droit pour les sociétés civiles. Le contraire n'a lieu que pour les sociétés en nom collectif, parce que tous les associés participent à l'administration, soit directement, soit indirectement, et que toutes les transactions se font au nom de tous.

Lorsque le législateur a voulu établir la solidarité, il l'a dit formellement, comme dans les articles 22 et 28 du Code de commerce; la solidarité n'existera donc que si elle a été stipulée ou si elle est la conséquence immédiate de l'obligation.

Fin et dissolution de l'association en participation.

La cause la plus commune de dissolution des associations en participation, c'est la fin des opérations pour lesquelles elles ont été constituées; car, avons-nous dit : elles sont momentanées; quant aux autres causes, la mort et la déconfiture ne dissoudront la société que d'après les circonstances qui seront appréciées par les tribunaux; car si un associé vient à mourir deux ou trois jours avant la fin des opérations, il n'y aura pas dissolution.

DROIT DES GENS.

DES REPRÉSAILLES.

La justice est la base de toutes les sociétés, et doit être la règle éternelle de toutes les politiques, le fondement de tous les rapports de nations à nations.

Lorsqu'une nation déroge dans quelque circonstance aux principes de cette équité, qui doit être la règle commune, lorsque surtout cette dérogation lèse les intérêts d'une autre nation, celle-ci peut faire prévaloir son droit de différentes manières, obtenir la répression de ce qui lui porte atteinte, par différents moyens.

Souvent c'est le sort incertain des batailles qui décide ces grandes causes, où

> La raison du plus fort
> Est souvent la meilleure.

Cependant il n'est pas toujours nécessaire d'en venir aux armes pour punir une nation. Parmi les différents moyens d'obtenir satisfaction, on remarque le Droit de représailles, dont nous allons développer les principes.

Origine du droit de représailles.

L'origine du droit de représailles est fort ancienne. Les uns la font remonter aux Grecs, les autres aux Romains. Dans les premiers temps de Rome, un usage funeste permettait aux créanciers de s'adresser aux personnes et aux biens de ceux qui n'étaient point obligés à leur dette, pourvu qu'ils fussent du même bourg ou village que leur débiteur; c'est ce que l'on appelait vulgairement droit de représailles, *repressaliæ*

8

dicuntur pignorationes rerum et personarum, quando unus pro alio, et res unius pro re alterius apprehenditur. Ainsi ce terme de *pignoratio* ne signifie pas seulement, comme on le voit, un simple engagement de biens, mais aussi un engagement des personnes; et il est ainsi défini : *jus alium pro alio detinendi*, appelé par quelques-uns *clarigatio.* [1]

Justinien, dans le chapitre I.er de la Novelle 52, le défendit dans tous ses États.

Entre les membres d'une société régulièrement organisée, le droit de représailles est injuste et inutile, parce qu'il est d'autres moyens, plus sûrs et même infaillibles, d'obtenir justice sans se la faire soi-même.

Mais dans les rapports de nations à nations, où souvent la force seule est l'appui du droit, un tel moyen est permis.

Définition du droit de représailles; quels sont les États qui peuvent user de ce droit ? — Différence entre les représailles et la rétorsion.

En Droit des gens, on entend par représailles toute violence exercée (hors la guerre) pour obtenir la réparation d'une injustice qu'on a soufferte dans un droit parfait.

Ainsi, lorsqu'une nation en a lésé une autre dans ses droits primitifs ou dans ceux qu'elle a acquis, soit par occupation, soit par des traités, le Droit des gens l'autorise à se donner la satisfaction qui lui est due, en violant de son côté des obligations parfaites, ou en commettant des voies de fait contre celui qui en a commises.

Des principes que nous venons d'exposer sur le droit de représailles, découle cette première conséquence, que ce droit n'est pas permis à tous les États.

C'est un moyen, avons-nous dit, de se faire justice à soi-même : cette faculté n'existera donc pas pour les États qui reconnaissent un juge

---

1 Hulot, Clef des lois romaines, p. 502.

commun ou un pouvoir souverain au-dessus d'eux, tel qu'autrefois les mi-souverains d'empire [1] ; car alors c'est au juge compétent à prononcer.

Il en sera de même pour les États souverains qui seraient convenus de soumettre la décision de leurs différends à un tribunal commun, comme les anciennes Provinces-Unies des Pays-Bas, les États-Unis d'Amérique, la Confédération suisse [2], la Confédération germanique. Il ne sera pas permis à ces États de violer la loi commune, en se faisant justice entre eux ; mais ces États pourront user de représailles envers les tierces puissances avec lesquelles elles n'ont point de juge commun. Il ne faut pas confondre les représailles avec la rétorsion, qui est le refus de reconnaître un droit non parfait ; comme les représailles, elle ne suppose point une offense essuyée ou la lésion d'un droit formel ; elle est, au contraire, uniquement fondée sur une partialité onéreuse et inéquitable de la législation de ces États, qui traite défavorablement les étrangers.

Quelles sont les causes qui permettent à une nation l'exercice du droit de représailles ?

Le Droit des gens, dont le fondement est l'équité naturelle, ne permet l'exercice de ce droit, ou plutôt ne le reconnaît, que pour une juste cause, une dette claire et liquide ; car, de même que dans le Droit civil celui qui prétend exercer un droit, doit, préalablement, le faire constater ; de même, les nations doivent se soumettre à cet examen préalable et, de plus, faire précéder le droit violent de justice qui leur compète, d'une demande ; et ce n'est qu'en cas de non-satisfaction, que la nation lésée peut se faire justice à elle-même.

---

1 V. Wernher, *Observ. forenses*, part. III.

2 Les cantons de la Confédération suisse se sont tous engagés, les uns envers les autres, d'exercer, en cas de besoin, chacun au profit de tous, les représailles contre les États étrangers (Kluber, Droit des gens, S. 233).

Une manière d'agir différente bouleverserait la paix des nations, rendrait inutiles les devoirs qui les lient entre elles, nuirait au commerce.

Cependant, si la nation adverse se refusait à l'examen du droit qu'on réclame, ce refus ou cette mauvaise foi pourrait légitimer les représailles.

Objet des représailles, du talion.

Le droit de représailles s'exerce sur tous les biens de la nation : il s'exerce de différentes manières; tantôt c'est la saisie des personnes ou des biens rencontrés sur notre territoire; tantôt ce sont des prises faites en pleine mer; d'autres fois elles sont opérées sur le territoire de la puissance contre laquelle on use de ce moyen.

En tant que tout citoyen fait partie, lui et ses biens, de la nation à laquelle il appartient, il en est solidaire, et les représailles peuvent l'atteindre, lui et ses biens; ainsi, on peut se saisir des personnes et des biens appartenant à la nation ennemie, pour l'obliger à nous donner la satisfaction demandée. Si alors un genre de représailles est insuffisant, on recourt à un autre[1]. Il ne faut pas cependant croire que tous les moyens soient permis; il est des bornes qu'on ne doit pas franchir : on peut bien, par exemple, priver momentanément de la liberté, mais jamais de la vie, si ce n'est dans de graves circonstances.

L'usage du talion est un droit barbare qui ne peut pas toujours se justifier.

Dans une attaque collective qui peut frapper les biens de tous les membres de la nation indistinctement, on n'a pas le droit de répéter à celui qui use du droit de représailles ce dont on a été dépouillé injustement; mais c'est à l'État qui a souffert du droit de représailles, à indemniser ses membres des pertes qu'ils ont éprouvées.

---

1 Exemple : les représailles successives exercées contre la ville de Dantzig par le roi de Prusse en 1783 (MARTENS, §. 262, Précis du Droit des gens).

A qui compète la faculté d'ordonner les représailles ?

Le fait de représailles est un fait très-grave, dont le résultat souvent est une rupture : l'exercice de ce droit ne doit pas être abandonné à l'arbitraire, souvent irréfléchi, des particuliers lésés.

Une telle faculté serait dangereuse; aussi, dès le quatorzième siècle on trouve des lois et des traités qui soumettent l'exercice de ce droit à une permission particulière que le sujet devait obtenir de son souverain, moyennant des lettres de marque ou de représailles, par lesquelles celui-ci autorisait à ces voies de fait. Ces mesures prudentes se sont tellement multipliées, qu'il est aujourd'hui de règle, qu'aucune représaille ne peut être exercée sans permission du Gouvernement, et ceux qui agiraient contrairement seraient taxés de piraterie et de brigandage, et punis comme tels.

On ne peut accorder des représailles que pour les faits qui intéressent personnellement la nation : établir ce droit en faveur d'étrangers, ce serait s'établir juge entre deux États, sans avoir la mission de le faire. Un souverain ne peut accorder ou faire exécuter des représailles que pour la défense ou le dédommagement de ses sujets. [1]

Ce n'est que contre la nation dont on se plaint que l'on peut user de représailles, et les moyens choisis à cette fin ne devraient jamais porter atteinte au droit d'une puissance neutre.

Application de l'article 1380 du Code civil au droit de représailles.

Le principe d'équité naturelle auquel notre Code a rendu hommage dans l'article 1380, reçoit aussi son application au droit de représailles.

---

[1] En 1662, l'Angleterre ayant accordé aux chevaliers de Malte des représailles contre les Provinces-Unies, les États de Hollande disaient avec raison que, selon le Droit des gens, les représailles ne peuvent être accordées que pour maintenir les droits de l'État, et non pour une affaire à laquelle la nation n'a aucun intérêt (BINCKERSHOEK, Juge compétent des ambassadeurs, chap. 22, §. V).

Ceux qui, par leur fait, ont donné lieu à de justes représailles, sont obligés de dédommager ceux sur qui elles retombent; le souverain doit les y contraindre, et leur délit ne peut se couvrir par le refus même que le souverain aurait fait de rendre justice à l'État offensé, quand bien même ce serait ce refus qui aurait attiré les représailles sur les sujets.

La faute du souverain, dit M. VATTEL, ne les exempte pas de réparer la leur. Cependant, si le souverain les a empêchés de donner la satisfaction demandée, ils ne sont tenus que de ce qu'ils auraient dû faire pour prévenir les représailles : c'est au souverain, ajoute encore M. VATTEL, à réparer le surplus du dommage qui est une suite de sa propre faute. [1]

Des cas où l'on doit recourir aux représailles, et de ceux où il est préférable d'en venir à la guerre.

En appliquant les règles de l'équité naturelle, il est évident que les nations, comme les individus, doivent supporter ce qui est la conséquence de leur faute.

La justice, qu'elle s'applique aux masses ou aux individus isolés, doit recevoir sa sanction; ainsi, une nation qui a donné lieu à de justes représailles, n'a pas le droit de déclarer la guerre : la force qui réside dans une nation doit servir à la faire respecter et la protéger, jamais à lui assurer l'impunité de ses injustices.

Cependant, dans le cours des événements qui s'accomplissent, ou qui se sont accomplis jadis dans le sein des sociétés, on a souvent vu la force employée pour soutenir l'injustice.

Devons-nous en conclure que les principes du droit appliqués aux nations sont de vaines théories, et que toujours la force sera l'excellence du droit?

Certes, non; car, au-dessus des faits qui passent, il y a quelque chose de plus grave, l'opinion, la conscience du genre humain et l'histoire;

---

1 V. VATTEL, Droit des gens, vol. 2, chap. *Représailles.*

ce grand juge devant qui les nations et les rois passent dépouillés du prestige de leur puissance.

Les représailles sont un moyen plus doux que la guerre pour obtenir l'accomplissement d'un droit juste qui nous est contesté ou une réparation qui nous est refusée.

Au premier abord, l'exercice du droit de représailles peut sembler un brigandage, une chose honteuse pour une nation : ainsi, s'emparer de la personne des ennemis se trouvant sur notre territoire, occuper à l'improviste ses vaisseaux, faire succéder aux garanties accordées les violences de l'arbitraire, cela pourra paraître à bien des gens indigne d'une nation.

Nous avons déjà démontré la justice du droit de représailles, espèce de talion, dont les nations ont le droit d'user entre elles. Nous allons prouver maintenant que ce droit n'est point contraire à l'honneur.

Les intérêts d'une nation sont graves, nombreux : l'agriculture et le commerce ont besoin de la paix pour prospérer; l'état violent de la guerre leur est funeste.

Avant de mettre en jeu de si graves intérêts, un gouvernement sage doit donc réfléchir mûrement, et lorsqu'un moyen plus doux d'obtenir justice se présente, il est du devoir du souverain de choisir ce moyen.

Il est cependant des cas où la guerre est nécessaire, c'est lorsque les droits d'une nation sont attaqués, c'est lorsque toutes les voies de conciliation ont été épuisées, ainsi que tous les moyens pacifiques d'obtenir justice; on ne doit plus alors recourir aux représailles, qui ne seraient que de vrais actes d'hostilité, sans déclaration de guerre; ce qui serait contraire à la foi publique aussi bien qu'aux devoirs mutuels des nations.

Je ne crois pas pouvoir mieux clore cette matière qu'en rappelant ces belles paroles de TITE-LIVE : *Justum est bellum quibus necessarium, et pia arma quibus nulla nisi in armis relinquitur spes.*

FIN.